누구나
쉽고 재미있게

사고력 수학

노크

D6
(11~12세)

규칙

이 책을 보시는 부모님들께

머리가 좋아야 수학을 잘 한다는 말이 있습니다. 또, 수학을 잘 못하는 아이는 아빠, 엄마의 머리를 물려받아서 그렇다는 등의 난데없는 유전자 논쟁이 벌어지기도 합니다. 하지만 많은 사람들의 일반적인 생각과는 달리 이는 근거없는 이야기입니다. 외국의 한 연구 기관에서 언어, 사회, 수학, 과학의 네 가지 분야 중 어떤 것이 아동의 선천적 재능에 영향을 받는지 조사한 연구 결과를 발표했는데 일반적인 예상과는 다르게 선천적 재능에 영향을 받는 순서는 사회, 언어, 과학, 수학 순이었습니다. 다시 말해, 수학은 여러 학문 분야 중 선천적인 재능보다는 후천적인 환경이나 교육자, 학습자의 노력에 가장 큰 영향을 받는 학문이라 볼 수 있습니다. 수학의 가장 기본이 되는 '수 영역'의 예를 들어 보겠습니다. 아이들이 수를 처음 접하는 시기의 차이는 있지만 실제 수에 대한 감각과 수를 다루는 연습은 생활 속에서의 체험이나 다양한 활동, 학습 속에서 이루어집니다. 즉, 수학의 가장 기본이 되는 수는 선천적으로 가진 재능과는 거의 연관이 없으며 자라나면서 어떤 환경에 놓이는지, 얼마나 많이 수를 생각할 수 있는 기회가 있는지, 나이에 맞는 올바른 학습을 만날 수 있는지에 좌우됩니다. 그러므로 아이의 수학적 발달에 문제가 있다면, 그 아이가 누구를 닮아서 그런지, 지능이 떨어지는지를 따질 것이 아니라 수학적 힘을 기를 수 있는 학습 환경을 어떻게 만들어줄 것인가를 고민해야 합니다.

국제영재교육연구소의 랜즐리 소장은 영재의 기준을 마련하기 위해 여러 연구를 시행한 결과, 영재의 공통적인 특징들을 발견하였습니다. 첫째는 115 이상의 지능지수(IQ), 둘째는 창의력(Creativity), 셋째는 동기적 요소라고 부르는 끈질긴 근성과 과제집착력이었습니다. 이들 세 가지 요소 역시 선천적으로 타고 나는 부분도 물론 있겠지만 대부분 후천적인 학습이나 교육 활동을 통해 기를 수 있는 능력이라는 데에 이의를 제기하기는 힘듭니다.

이처럼 수학적 능력은 후천적 학습 환경에 주로 좌우되며, 특히 어린 시절에는 그러한 경향이 더더욱 두드러집니다. 하지만 우리의 아이들을 둘러싼 수학적 환경을 다시 한 번 돌아봅시다. 초등학교를 들어가기 전부터 과도한 학습량과 무의미한 반복 활동, 이후의 수학 학습에 오히려 방해가 될 정도로 무리한 선행 학습 등의 환경은 아이의 수학적 힘을 길러주기보다는 수학에서 가장 중요한 창의적 사고력을 기를 수 있는 기회를 박탈함과 동시에 수학에 대한 흥미를 급속하게 떨어뜨리게 하여 수학으로 문제를 해결하려는 의지, 즉 수학적 동기를 스스로에게 부여하는 것을 불가능하게 만들어 버립니다. 중요한 것은 남들보다 먼저, 그리고 더 많이 수학적 지식을 머리 속에 주입하는 것이 아니라 태어나서부터 누구나 가지고 있는 수학에 대한 관심, 그리고 수학으로 생각하는 힘을 일깨워주는 것입니다.

수학을 잘할 수 있는 힘,

수학적 잠재력은 이미 여러분 아이들의 머릿 속에 줄곧 있어왔습니다. 단지 어떤 아이는 그것을 찾아내어 드러낼 수 있었고, 어떤 아이는 꼭꼭 숨긴 채 평생 드러나지 않을 뿐입니다. 이러한 수학적 잠재력에 대한 참신한 자극 – 생각을 두드리는 '노크'를 제안하려 합니다. '노크'는 수학적 지식과 스킬만을 무리하게 밀어넣지 않습니다. 왜 수학을 해야 하고, 어떻게 수학으로 가능한지 끊임없이 스스로 생각하게하는 계기로서의 활동이 되려 합니다. 일상으로부터 괴리된 학문으로서의 수학이 아닌, 삶을 살아가며 반드시 키워야 할 논리적, 합리적 사고력을 기를 수 있는 누구에게나 가장 중요한 경쟁력으로서의 수학을 주장합니다. '노크'야말로 새로운 수학 학습의 길을 보여주는 방향타가 될 것입니다.

한 현 조

똑!똑! 사고력 수학 노크의 구성

시작 : 생각열기

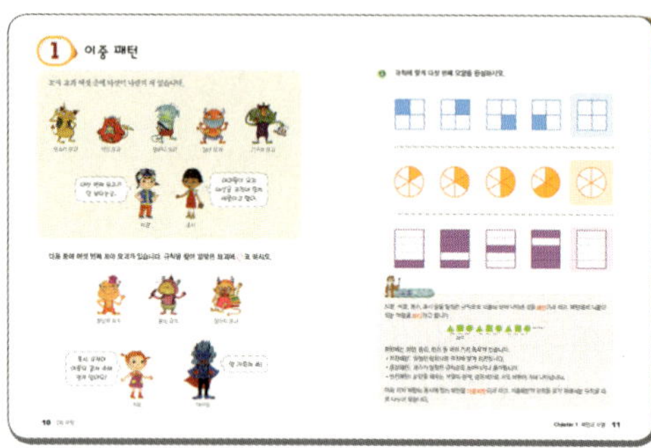

사고력 수학 주제에 맞는 수학적 상황, 수학사, 생활 속 수학 이야기 등의 자유로운 형식으로 흥미를 유발하고, 수학적 사고를 자극하는 주제별 프롤로그

노크 포인트

문제 해결의 핵심적 원리를 '콕!' 집어서 간결하게 요약한 사고력 수학 주제별 포인트

전개 : 유형 탐구

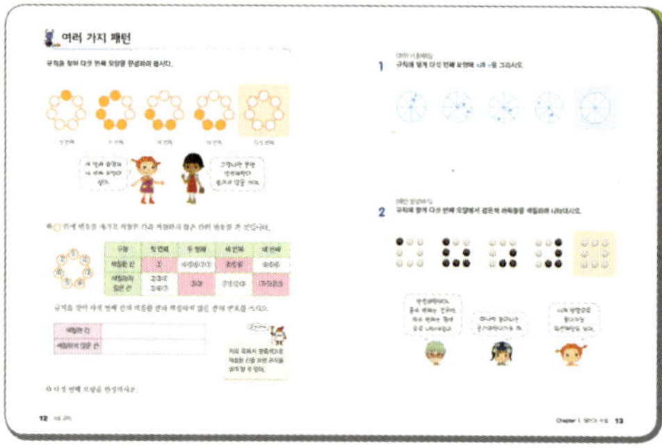

사고력 수학의 대표 유형을 노크만의 새로운 방법으로 차근차근 한 단계씩 익히고 해결하는 단계적 유형 탐구와 이를 통해 익힌 방법적 원리를 적용, 확장하는 확인 문항

수학 요정들의 친절한 충고와 꼬마 요괴들의 밉살스럽지만 유용한 조언으로 어려운 발전 문항의 해결을 돕는 문제 해결 도우미 박스

발전 : 창의적 문제해결력

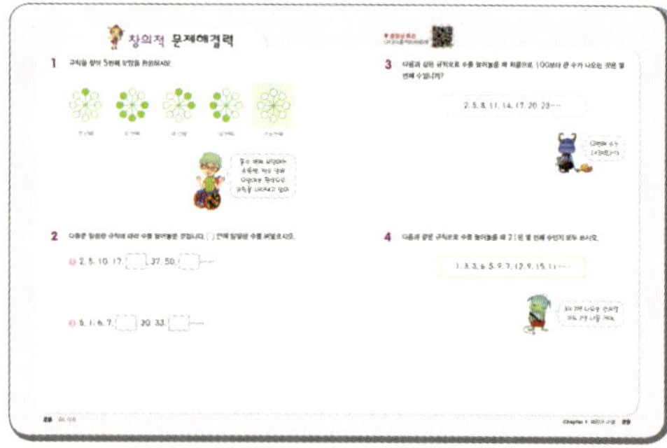

3개의 사고력 수학 주제를 갈무리하는, 한 차원 높은 창의력과 복합적인 사고력을 요구하는 발전 문항의 끝판왕

마무리 : 정답 및 해설

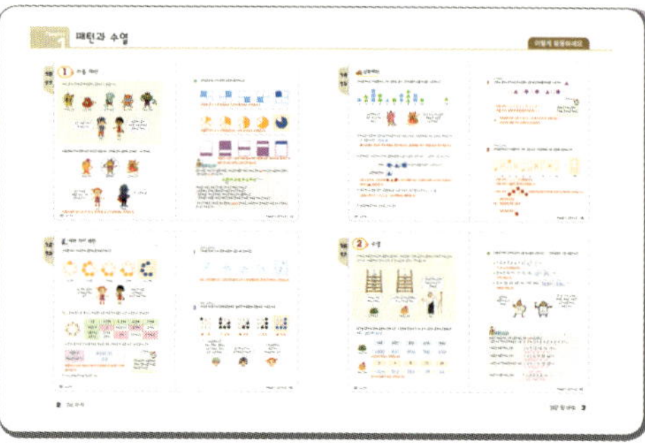

본문에 그대로 첨삭된 정답과 간략한 풀이 과정을 통한 사고력 수학 활동 피드백으로 마무리

노크
캐릭터 소개

지식을 되찾기 위해 노크랜드로 떠난 모험가 친구들

태경
활동파 리더

지오
호기심 공주

초이
조용한 전략가

아인
꼬마 천재

마법사 멀린과 수학 요정

마법사 멀린

노크랜드의 지식의 수호자. 지식을 파괴하려는 대마왕의 음모에 맞서 모험을 떠난 친구들의 든든한 조력자.

아르키메데스

페르마

플라톤

파스칼

피타고라스

가우스

유클리드

오일러

대마왕과 꼬마 요괴

대마왕

노크랜드의 지식의 파괴자. 세계를 차지하기 위해 모든 지식을 없애버리려고 하는 요괴들의 두목.

딴소리

한입

장난

잘난척

딴짓

멍하니

잠만자

대충이

산만해

울보

거꾸로

뛰어

이 책의 차례

Chapter 3 여러 가지 규칙

Chapter 4 역사 속 규칙

Chapter 1

패턴과 수열

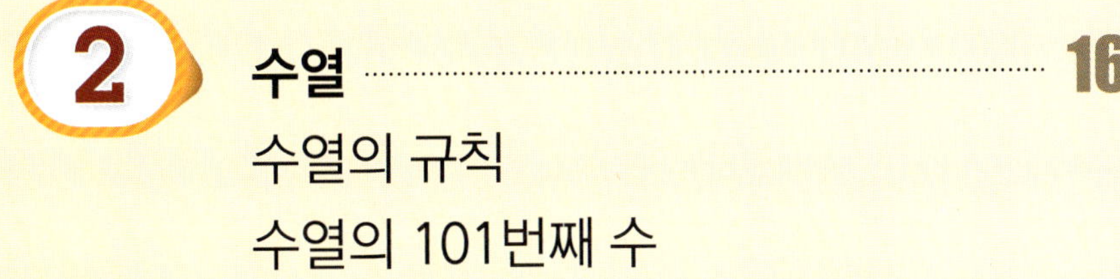

 이중 패턴

꼬마 요괴 여섯 중에 다섯이 나란히 서 있습니다.

다음 중에 여섯 번째 꼬마 요괴가 있습니다. 규칙을 찾아 알맞은 요괴에 ◯표 하시오.

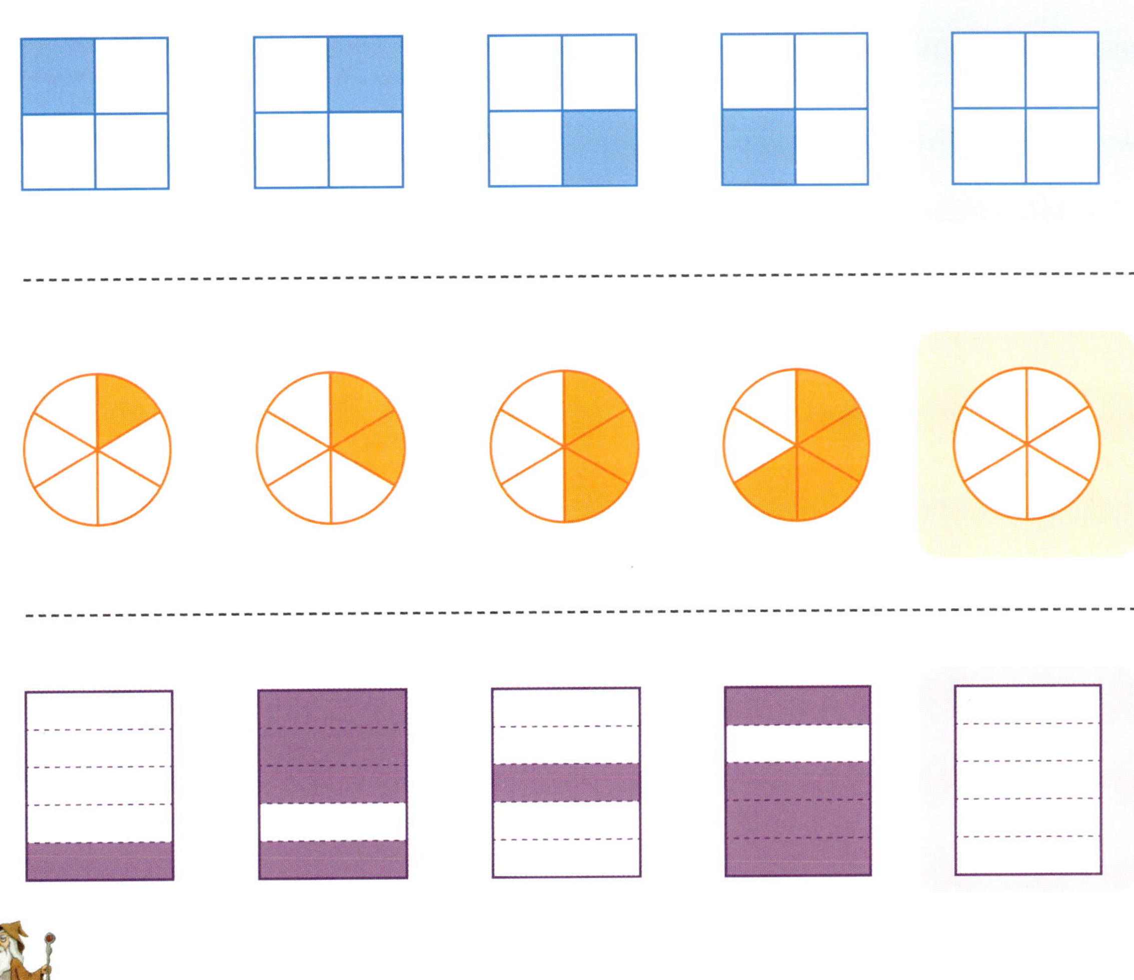

모양, 색깔, 개수, 크기 등을 일정한 규칙으로 되풀이 하여 나타낸 것을 패턴이라 하고, 패턴에서 되풀이 되는 부분을 마디라고 합니다.

패턴에는 회전, 증감, 반전 등 여러 가지 종류가 있습니다.
- 회전패턴: 일정한 방향으로 규칙에 맞게 회전합니다.
- 증감패턴: 개수가 일정한 규칙으로 늘어나거나 줄어듭니다.
- 반전패턴: 모양을 채우는 색깔이 흰색, 검은색으로 서로 바뀌어 가며 나타납니다.

여러 가지 패턴이 동시에 있는 패턴을 이중패턴이라 하고, 이중패턴의 규칙을 찾기 위해서는 규칙을 따로 나누어 찾습니다.

여러 가지 패턴

규칙을 찾아 다섯 번째 모양을 완성하여 봅시다.

첫 번째   두 번째   세 번째   네 번째   다섯 번째

❶ ◯ 안에 번호를 매기고 색칠한 칸과 색칠하지 않은 칸의 번호를 쓴 것입니다.

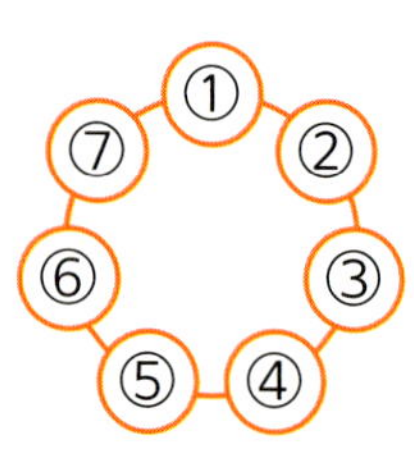

구분	첫 번째	두 번째	세 번째	네 번째
색칠한 칸	①	④⑤⑥⑦①	④⑤⑥	④⑤⑥
색칠하지 않은 칸	②③④⑤⑥⑦	②③	⑦①②③	⑦①②③

규칙을 찾아 다섯 번째 칸의 색칠한 칸과 색칠하지 않은 칸의 번호를 쓰시오.

색칠한 칸	
색칠하지 않은 칸	

위의 표에서 분홍색으로
색칠한 칸을 보면 규칙을
쉽게 알 수 있어.

❷ 다섯 번째 모양을 완성하시오.

1 규칙에 맞게 다섯 번째 모양에 ■과 ●을 그리시오.

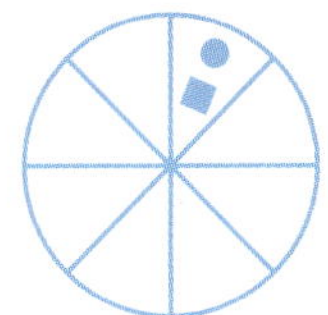 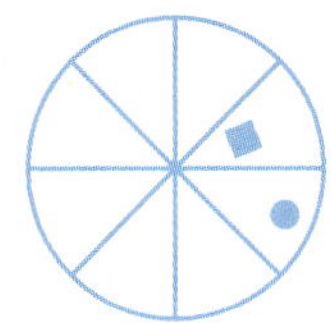 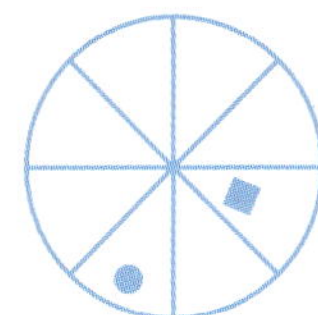 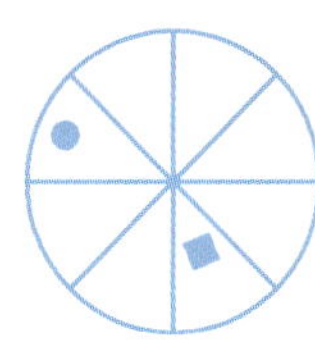 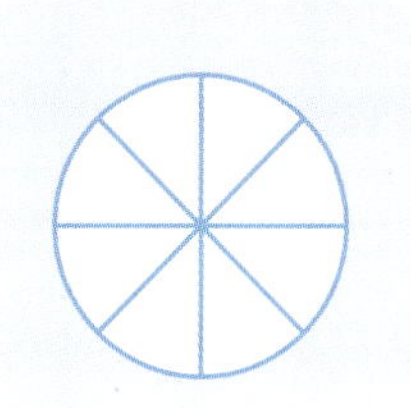

[패턴 완성하기]

2 규칙에 맞게 다섯 번째 모양에서 검은색 바둑돌을 색칠하여 나타내시오.

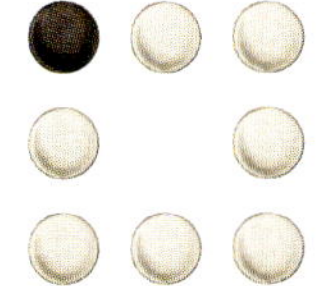 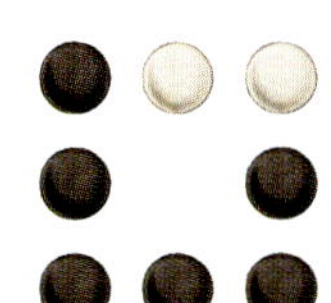 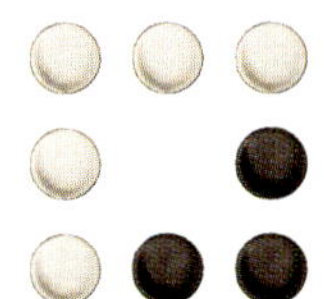 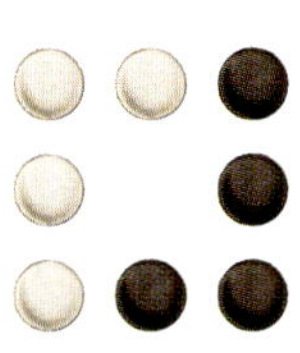 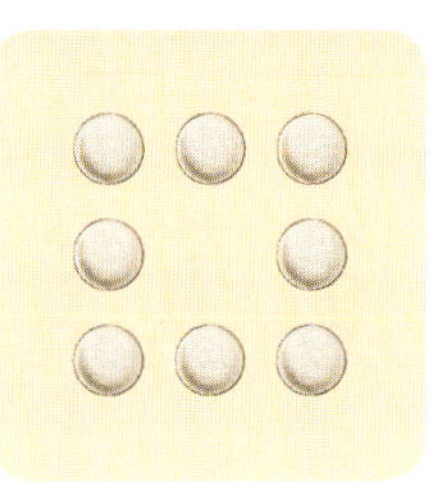

규칙에 따라 Ｉ０번째까지 그린 모양을 보고, ２０번째에 나올 모양을 그려 봅시다.

❶ 색깔은 파란색, 연두색이 되풀이되어 나타납니다. ２０번째에 나올 모양의 색깔은 무슨 색입니까?

❷ 반복되는 모양의 규칙과 ２０번째에 나올 모양을 각각 찾아 ☐ 안에 그려 넣으시오.

규칙 ☐ , ☐ , ☐ 모양이 되풀이되어 나타납니다.

２０번째 모양 ☐

❸ 개수의 규칙을 찾아 ２０번째에 나올 모양의 개수를 구하시오.

❹ ２０번째에 나올 모양을 그리시오.

1 다음과 같이 규칙적으로 모양을 그릴 때 20번째 모양을 그리시오.

모양의 규칙과 색깔의
규칙을 따로따로 찾아봐.

2 규칙에 따라 10번째까지 그린 것입니다. 30번째에 나올 모양을 완성하시오.

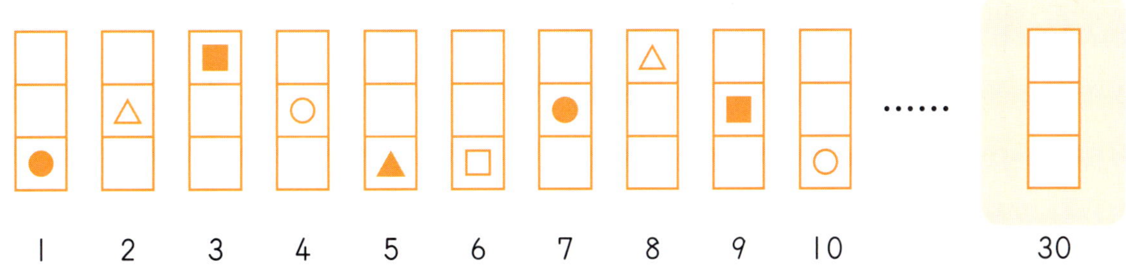

2 수열

꼬마 요괴들이 사다리 게임을 합니다. 사다리를 1칸씩 올라갈 때마다 규칙에 따라 수가 나오고, 10번째 칸에서 더 큰 수가 나오면 이기는 게임입니다.

규칙을 찾아 빈 곳에 알맞은 수를 쓰고, 10번째 칸에서 더 큰 수가 나오는 요괴의 이름을 쓰시오.

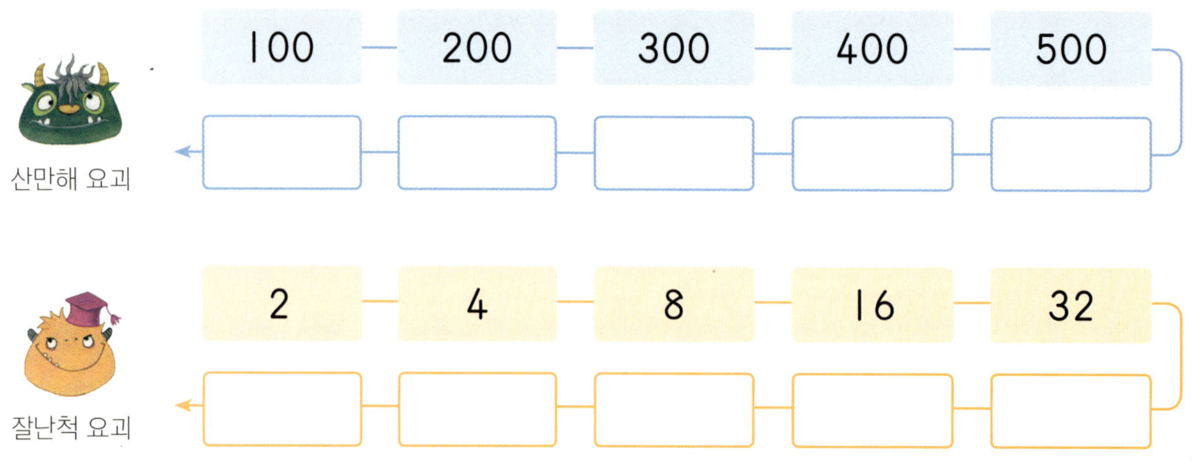

다음은 어떤 규칙에 따라 수를 늘어놓은 것입니다. ☐ 안에 알맞은 수를 써넣으시오.

- 7, 2, 4, 7, 2, 4, 7, 2, ☐, ☐ ……

- 2, 4, 6, 8, 10, 12, 14, 16, ☐, ☐ ……

- 3, 6, 12, 24, 48, 96, 192, 384, ☐, ☐ ……

노크 포인트

일정한 규칙에 따라 수를 나열해 놓은 것을 **수열**이라고 합니다.

- 같은 수가 일정하게 반복되는 수열: 5, 9, 6, 5, 9, 6, 5, 9, 6, 5, 9, 6 ……

- 일정한 수를 더하는 수열: 1, 4, 7, 10, 13, 16, 19 ……
  +3 +3 +3 +3 +3 +3

- 일정한 수를 곱하는 수열: 1, 2, 4, 8, 16, 32, 64 ……
  ×2 ×2 ×2 ×2 ×2 ×2

- 더하는 수가 일정하게 커지는 수열: 1, 2, 4, 7, 11, 16, 22 ……
  +1 +2 +3 +4 +5 +6

- 앞의 두 수를 더하는 수열: 1, 1, 2, 3, 5, 8, 13 ……
  1+1 2+3 5+8 (1+2 3+5)

다음은 어떤 규칙에 따라 수를 늘어놓은 것입니다. ☐ 안에 알맞은 수를 알아봅시다.

① 1, 2, 4, 7, ☐, 16, 22, ☐, 37 ……

② 1, 1, 2, 3, ☐, 8, 13, ☐, 34 ……

③ 1, 4, 9, 16, ☐, 36, 49, ☐, 81 ……

1 ① 수열은 더하는 수가 1씩 커지는 규칙입니다. ☐ 안에 알맞은 수를 써넣으시오.

1, 2, 4, 7, ☐, 16, 22, ☐, 37 ……

+1 +2 +3 +4

2 ② 수열은 앞의 두 수의 합이 다음 수가 되는 규칙입니다. ☐ 안에 알맞은 수를 써넣으시오.

1, 1, 2, 3, ☐, 8, 13, ☐, 34 ……

1+1 2+3
1+2 3+5

3 ③ 수열은 1부터 순서대로 같은 수를 곱하는 규칙입니다. ☐ 안에 알맞은 수를 써넣으시오.

1, 4, 9, 16, ☐, 36, 49, ☐, 81 ……

1×1 3×3
2×2 4×4

1 수열의 규칙에 맞게 ☐ 안에 알맞은 수를 써넣으시오.

① 100, 99, 97, 94, ☐, 85, 79, ☐, 64 ······

② 2, 6, 12, 20, ☐, 42, 56, ☐, 90 ······

앞, 뒤 두 수의 차를 구해 봐. 그래도 모르겠지?

[규칙에 맞게 수열 완성하기]

2 규칙에 맞게 수를 늘어놓았습니다.

1	1	2	3	5	8	13	21	34	55

위와 같은 규칙으로 빈칸에 알맞은 수를 써넣으시오.

①

6		9			

②

6				15	

 # 수열의 101번째 수

다음 수열의 101번째 수를 알아봅시다.

> 3, 7, 11, 15, 19, 23, 27……

❶ 위의 수열은 앞의 수에 4씩 더하는 수열입니다. ▢번째 수를 ▢를 사용한 식으로 나타내어 보시오.

1번째 수:　3

2번째 수:　$7 = 3 + 4 = 3 + 4 \times 1$

3번째 수: $11 = 3 + 4 + 4 = 3 + 4 \times 2$

4번째 수: $15 = 3 + 4 + 4 + 4 = 3 + 4 \times 3$

5번째 수: $19 = 3 + 4 + 4 + 4 + 4 = 3 + 4 \times 4$

⋮

❷ 101번째 수는 얼마입니까?

1 숫자 카드를 일정한 규칙에 따라 다음과 같이 늘어놓았습니다. 99번째에 놓인 숫자 카드의 수는 얼마입니까?

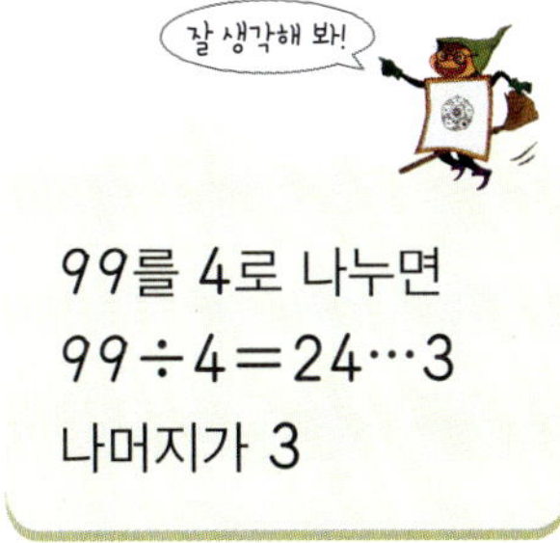

2 다음 수열의 101번째 수를 구하시오.

4, 7, 10, 13, 16, 19, 22 ……

3 여러 가지 수열

대마법사 멀린이 1부터 9까지의 수를 바닥에 던졌더니 수열이 나타났습니다.

멀린

세 아이들이 규칙을 찾았습니다.

태경

지오

아인

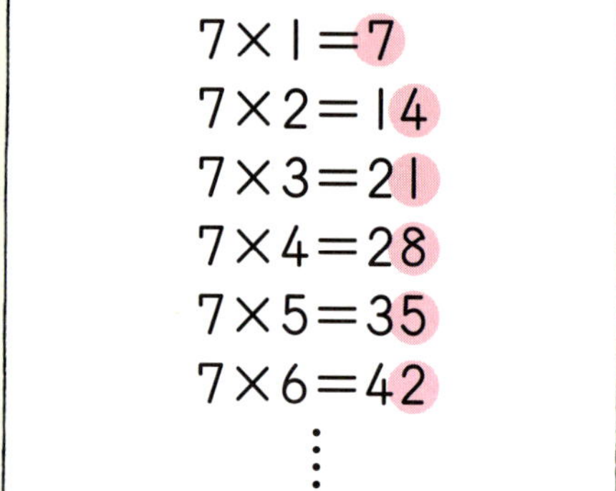

1, 2, 3 세 개의 수에 네 개의 수를 더 늘어놓아 여러 가지 수열을 만들었습니다.
□ 안에 알맞은 수를 써넣으시오.

1	2	3	1	2	3	1	□
1	2	3	4	5	6	7	□
1	2	3	5	8	13	21	□
1	2	3	6	7	14	15	□
1	2	3	6	11	20	37	□

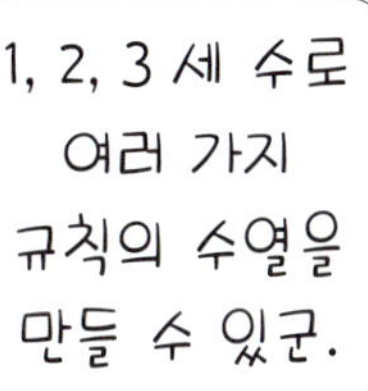

노크 포인트

여러 가지 규칙이 섞여 있는 복잡한 수열은
① 홀수 번째와 짝수 번째 수의 규칙을 나누어 찾습니다.

$$1, 2, 2, 4, 3, 6, 4, 8, 5 \cdots\cdots$$

(홀수 번째: +2, 짝수 번째: +1)

→ 규칙: 홀수 번째 수는 1씩 더하고, 짝수 번째 수는 2씩 더했습니다.

② ( )로 묶은 다음 규칙을 찾습니다.
$$1, 1, 2, 1, 2, 3, 1, 2, 3, 4 \cdots\cdots$$
$$\rightarrow (1), (1, 2), (1, 2, 3), (1, 2, 3, 4) \cdots\cdots$$

→ 규칙: 묶음 안의 첫 수는 항상 1이고, 한 묶음 안의 수의 개수는 1씩 늘어납니다.

규칙이 섞여 있는 수열

다음은 어떤 규칙에 따라 수를 늘어놓은 것입니다. ☐ 안에 알맞은 수를 구해 봅시다.

① 1, 4, 2, 6, ☐ , 8, 4, ☐ , 5, 12 ……

② 1, 2, 4, 5, ☐ , 11, 22, ☐ , 46, 47 ……

1 ①의 수열을 홀수 번째 수와 짝수 번째 수로 나누어 쓴 것입니다. 규칙을 찾아 ☐ 안에 알맞은 수를 써넣으시오.

홀수 번째 수 1, 2, ☐ , 4, 5 ……

짝수 번째 수 4, 6, 8, ☐ , 12 ……

2 ②의 수열을 한 칸씩 띄어 두 수 사이의 관계를 나타내었습니다. 2가지 규칙을 찾아 ☐ 안에 알맞은 수를 써넣으시오.

첫 번째 규칙 1, 2, 4, 5, ☐ , 11, 22, ☐ , 46, 47 ……
+1   +1   +1

두 번째 규칙 1, 2, 4, 5, ☐ , 11, 22, ☐ , 46, 47 ……
×2   ×2

3 ☐ 안에 알맞은 수를 써넣으시오.

1 다음 수열의 ☐ 안에 알맞은 수를 써넣으시오.

$$1, 1, 2, 4, 7, \boxed{}, 24, 44, \boxed{} \cdots\cdots$$

앞의 세 수와 다음 수
와의 관계를 찾아봐.

2 늘어놓은 수의 규칙을 찾아 11번째 수와 12번째 수의 합을 구하시오.

$$1, 2, 2, 5, 4, 8, 8, 11, 16, 14 \cdots\cdots$$

홀수 번째 수와 짝수 번
째 수로 나누어서 생
각해. 규칙을 찾았어?

묶음 수열

다음과 같이 일정한 규칙으로 수를 늘어놓았습니다. 50번째 수를 알아봅시다.

1, 2, 3, 3, 4, 5, 4, 5, 6, 7, 5, 6, 7, 8, 9, 6 ……

❶ 규칙을 찾을 수 있도록 (   )로 묶어 보시오.

(1), (2, 3), 3, 4, 5, 4, 5, 6, 7, 5, 6, 7, 8, 9, 6 ……

❷ 괄호로 묶은 수들의 첫 수와 괄호 안의 수의 개수를 차례로 쓰시오.

괄호 안의 첫 수	1	2				……
괄호 안의 수의 개수	1	2				……

❸ 50번째 수는 몇 번째 괄호 안의 몇 번째 수입니까?

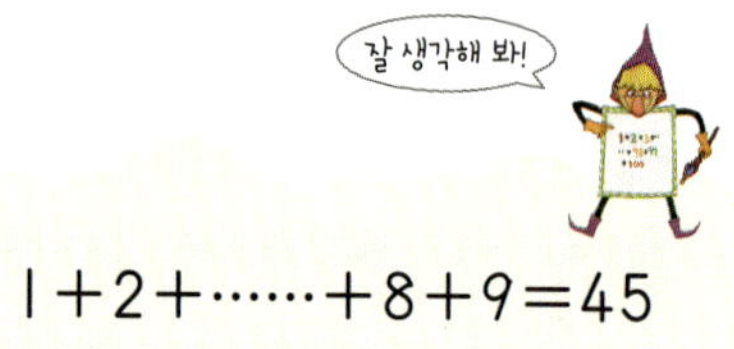

❹ 50번째 수는 얼마입니까?

1 다음 수열의 규칙을 찾아 ☐ 안에 알맞은 수를 써넣으시오.

$$1, 1, 3, 1, 3, \boxed{}, 1, 3, 5, 7, \boxed{}, 3, 5, \boxed{}, \boxed{}, \boxed{} \cdots\cdots$$

2 다음은 일정한 규칙에 따라 수를 늘어놓은 것입니다. 이 수열의 40번째 수를 구하시오.

$$1, 1, 2, 1, 2, 3, 1, 2, 3, 4, 1 \cdots\cdots$$

창의적 문제해결력

1 규칙을 찾아 5번째 모양을 완성하시오.

첫 번째   두 번째   세 번째   네 번째   다섯 번째

2 다음은 일정한 규칙에 따라 수를 늘어놓은 것입니다. ☐ 안에 알맞은 수를 써넣으시오.

❶ 2, 5, 10, 17, ☐, 37, 50, ☐ ······

❷ 5, 1, 6, 7, ☐, 20, 33, ☐ ······

3 다음과 같은 규칙으로 수를 늘어놓을 때 처음으로 100보다 큰 수가 나오는 것은 몇 번째 수입니까?

2, 5, 8, 11, 14, 17, 20, 23……

4 다음과 같은 규칙으로 수를 늘어놓을 때 21은 몇 번째 수인지 모두 쓰시오.

1, 3, 3, 6, 5, 9, 7, 12, 9, 15, 11……

약속과 암호

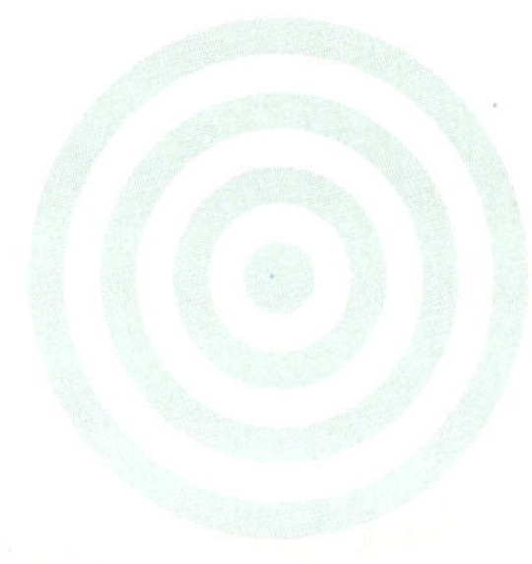

4 약속에 따른 수

가우스 요정이 여러 가지 모양의 보석을 마법 상자에 넣었더니 상자 아래로 보석이 나왔습니다.

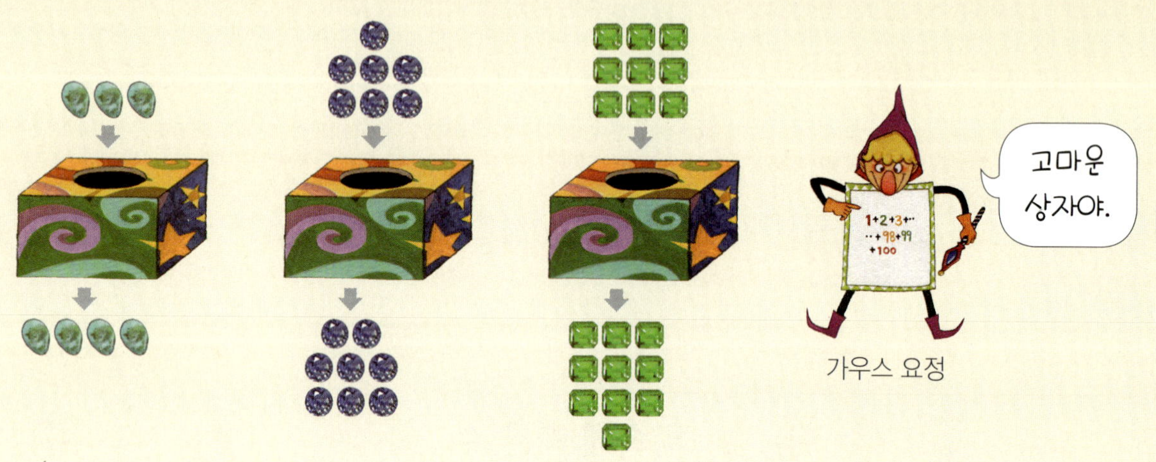

그 상황을 본 울보 요괴가 같은 마법 상자에 동전을 집어넣었습니다.

마법 상자의 규칙을 찾아 ☐ 안에 알맞은 수를 써넣으시오.

고장난 계산기가 있습니다. 이 계산기의 버튼을 누르면 일정한 규칙에 따라 액정에 수가 표시됩니다. 다음 액정에 표시된 수를 보고 누른 버튼을 알맞게 색칠하시오.

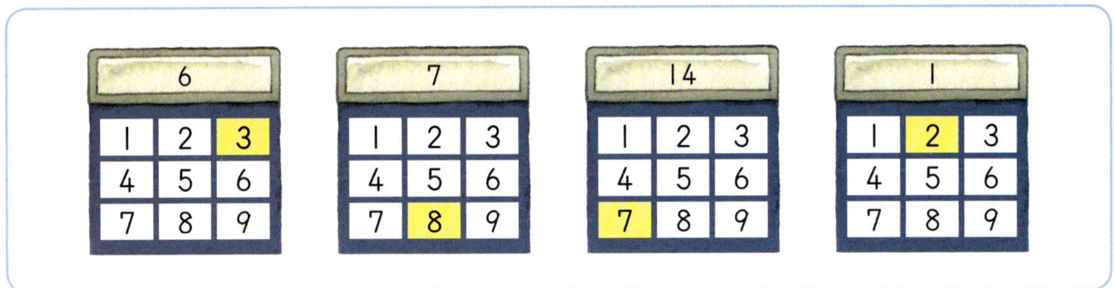

모양이나 상자를 이용하여 규칙을 정하고 수를 바꾸어 나타낼 수 있습니다.

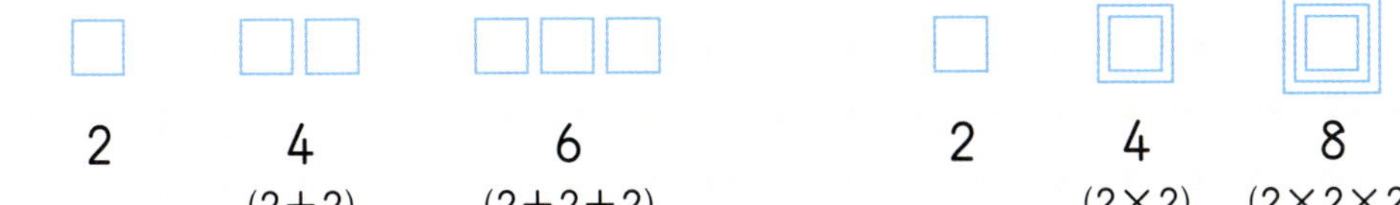

규칙:

넣는 수의 조건에 따라 규칙이 달라질 수 있습니다.

→ 규칙: 넣는 수가 짝수이면 2배하고, 홀수이면 1을 뺍니다.

# 약속에 맞게 수를 나타내기

약속에 따라 수를 나타내었습니다. ▢▢ 은 얼마를 나타내는지 알아봅시다.

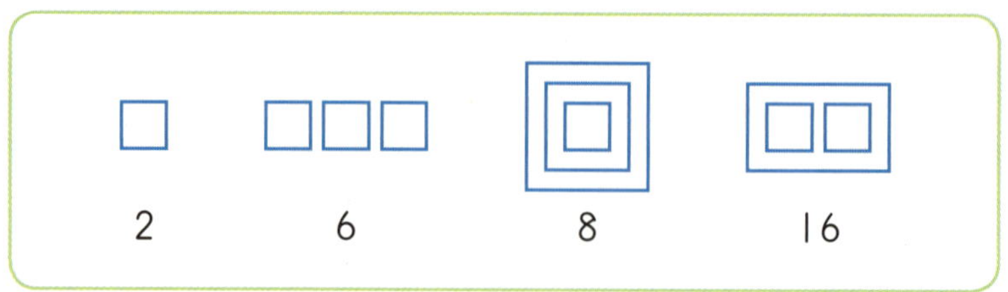

❶ □을 옆으로 나란히 놓으면 덧셈 규칙입니다. □ 안에 알맞은 수를 써넣으시오.

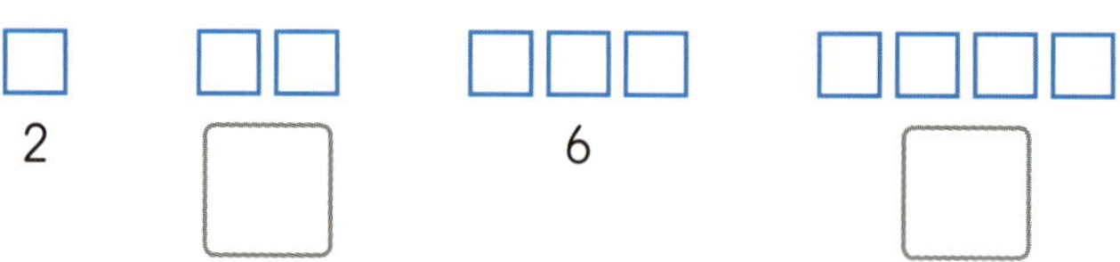

❷ □ 밖에 큰 □을 씌우면 곱셈 규칙입니다. □ 안에 알맞은 수를 써넣으시오.

2
8

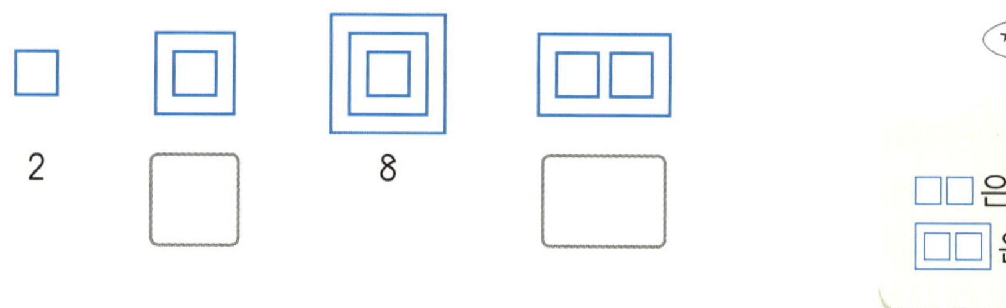

❸ 규칙에 따라 나타내는 수를 □ 안에 쓰시오.

4
2

1 다음은 어떤 약속에 따라 수를 나타낸 것입니다.

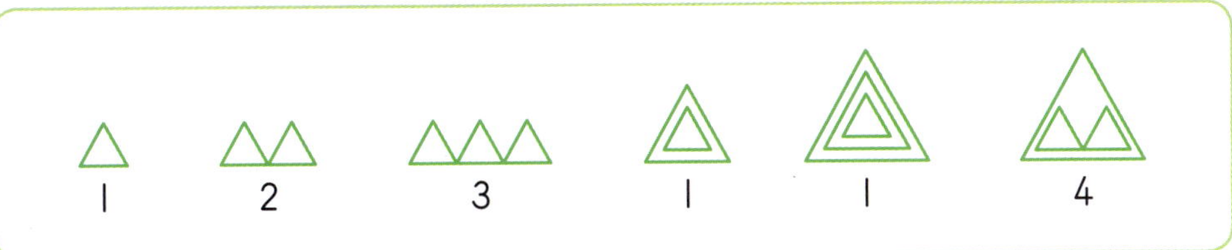

다음 모양이 나타내는 수는 얼마입니까?

2 □와 △를 다음과 같이 약속하고 규칙에 따라 계산하였습니다.

□ : 1을 더한 후 2배한 수
△ : 2로 나눈 후 1을 더한 수

$\boxed{3} = 8 \qquad \triangle{8} = 5 \qquad \triangle{\boxed{2}} = 4$

다음 모양이 나타내는 수는 얼마입니까?

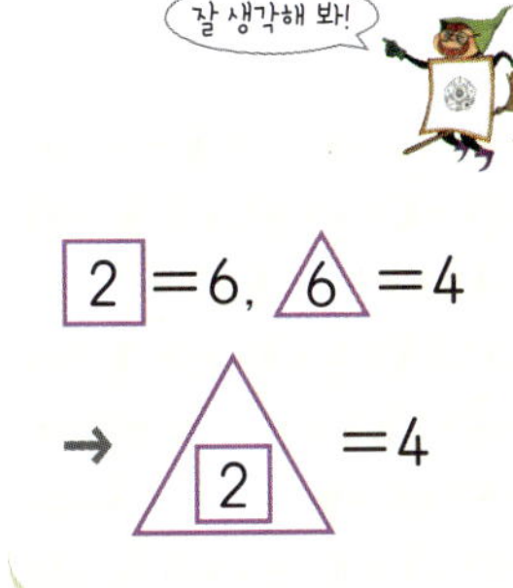

이중 규칙 상자

다음과 같은 규칙으로 수를 바꾸는 상자가 있습니다.

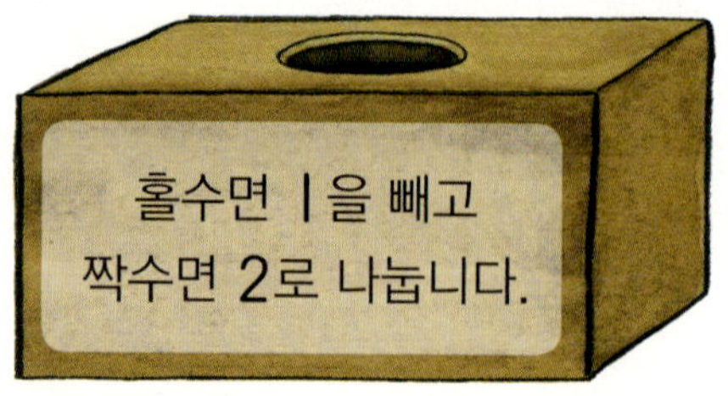

이 상자에 어떤 수를 넣어 나온 결과를 다시 상자에 넣어 마지막에 1이 나올 때까지 반복합니다. 7을 상자에 넣으면 4번 만에 1이 됩니다.

$$7 \xrightarrow[\text{1번}]{-1} 6 \xrightarrow[\text{2번}]{\div 2} 3 \xrightarrow[\text{3번}]{-1} 2 \xrightarrow[\text{4번}]{\div 2} 1$$

❶ 8을 상자에 넣어 1이 될 때까지 계산하시오. 8은 몇 번 만에 1이 됩니까?

$$8 \longrightarrow \boxed{} \longrightarrow \boxed{} \longrightarrow 1 \qquad \boxed{} \text{번}$$

❷ 3번 만에 1이 되는 수를 모두 구한 것입니다. ☐ 안에 알맞은 수를 써넣으시오. 3번 만에 1이 되는 수는 몇 개입니까?

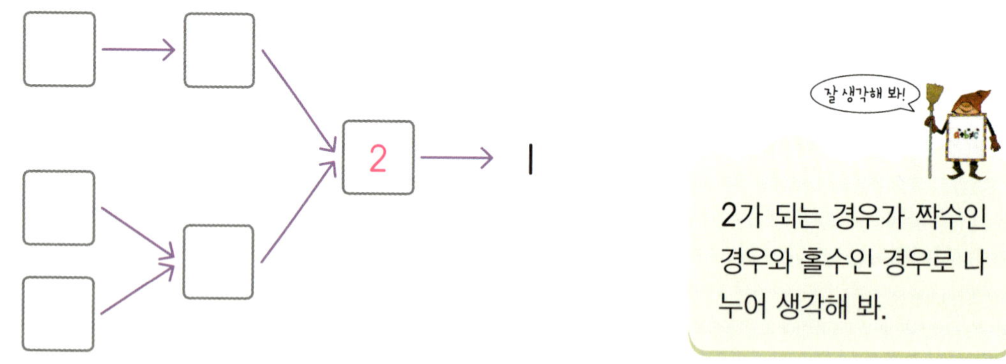

1 다음과 같은 약속의 수 상자에 13을 넣으면 6번 만에 처음으로 1이 됩니다. 수 상자에 111을 넣으면 몇 번 만에 처음으로 1이 됩니까?

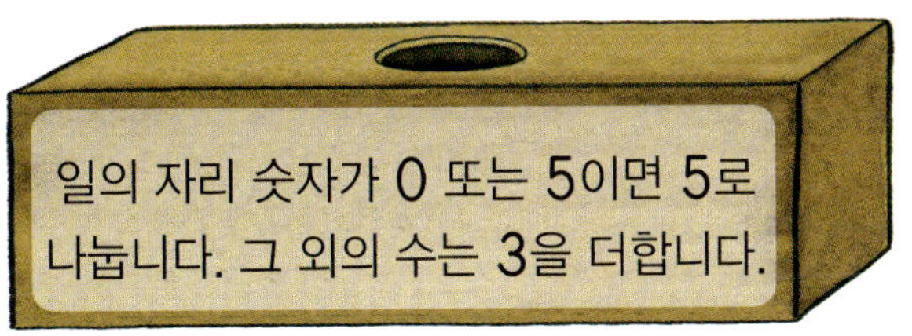

$$13 \xrightarrow[\text{1번}]{+3} 16 \xrightarrow[\text{2번}]{+3} 19 \xrightarrow[\text{3번}]{+3} 22 \xrightarrow[\text{4번}]{+3} 25 \xrightarrow[\text{5번}]{\div 5} 5 \xrightarrow[\text{6번}]{\div 5} 1$$

[1이 되는 어떤 수]

2 다음과 같이 수를 바꾸는 상자가 있습니다. 이 상자에 어떤 수를 넣고 나온 결과를 다시 상자에 넣어 처음으로 1이 나올 때까지 반복합니다. 4번 만에 처음으로 1이 되는 어떤 수를 모두 구하시오.

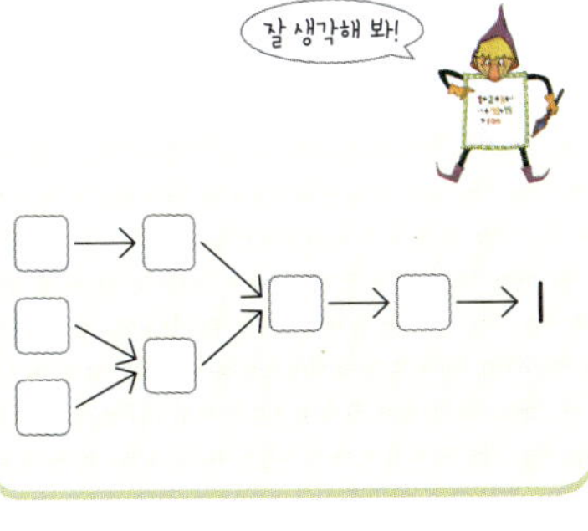

5 연산 약속

울보 요괴가 자신만의 규칙으로 연산 기호를 만들었습니다.

울보 요괴

꼬마 요괴들이 울보 요괴가 만든 연산 기호를 이용하여 연산을 합니다.

딴짓 요괴   장난 요괴   잠만자 요괴

딴짓 요괴의 계산은 맞지만 장난 요괴와 잠만자 요괴의 계산은 틀렸습니다. 😶의 규칙을 찾아 다음을 계산하시오.

$$7 😶 4 = \boxed{}$$

 여러 가지 기호의 약속을 찾아 ☐ 안에 알맞은 수를 써넣으시오.

$2 \oplus 5 = 12$

$4 \oplus 7 = 32$

$8 \oplus 1 = 16$

$3 \oplus 4 = \boxed{}$

$7 \otimes 3 = 40$

$8 \otimes 2 = 60$

$3 \otimes 2 = 5$

$6 \otimes 1 = \boxed{}$

$9 \oslash 4 = 9$

$8 \oslash 5 = 8$

$2 \oslash 3 = 3$

$7 \oslash 8 = \boxed{}$

규칙을 정하여 여러 가지 연산 약속을 만들 수 있습니다. 만들어진 연산 약속의 규칙을 찾을 때에는 여러 가지 방법으로 계산 조작을 해 봅니다.

$$7 * 2 = 45 \quad (9 \times 5)$$
$$6 * 4 = 20 \quad (10 \times 2)$$
(두 수의 합과 차의 곱)

$$7 \odot 3 = 17 \quad (14 + 3)$$
$$6 \odot 4 = 16 \quad (12 + 4)$$
(앞 수의 2배와 뒷 수의 합)

도형으로 만드는 연산 규칙에서는

① 꼭짓점의 수를 이용하여 가운데 수를 만드는 규칙을 찾습니다.

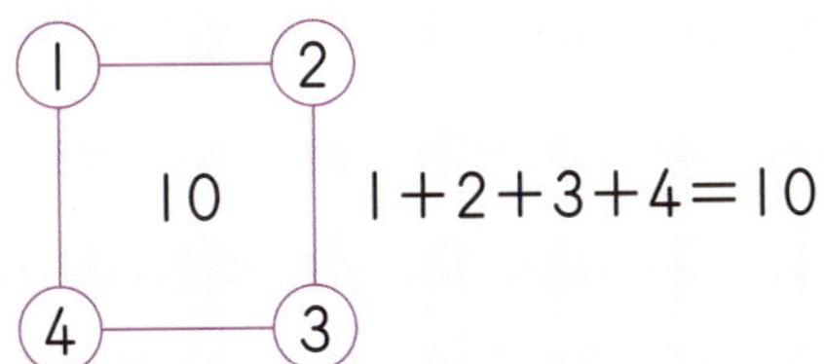

$$1 + 2 + 3 + 4 = 10$$

꼭짓점에 있는 네 수의 합이 가운데 수입니다.

② 마주 보거나 옆에 있는 두 수의 규칙을 찾습니다.

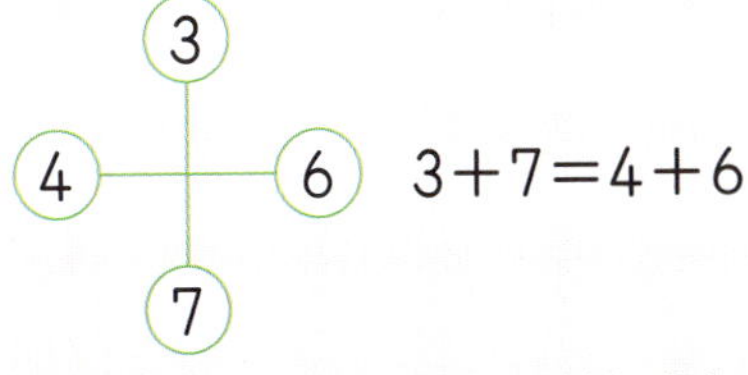

$$3 + 7 = 4 + 6$$

마주 보는 두 수의 합이 서로 같습니다.

도형 약속

어떤 약속에 따라 도형 위에 수가 놓여져 있습니다. ☐ 안에 알맞은 수를 구해 봅시다.

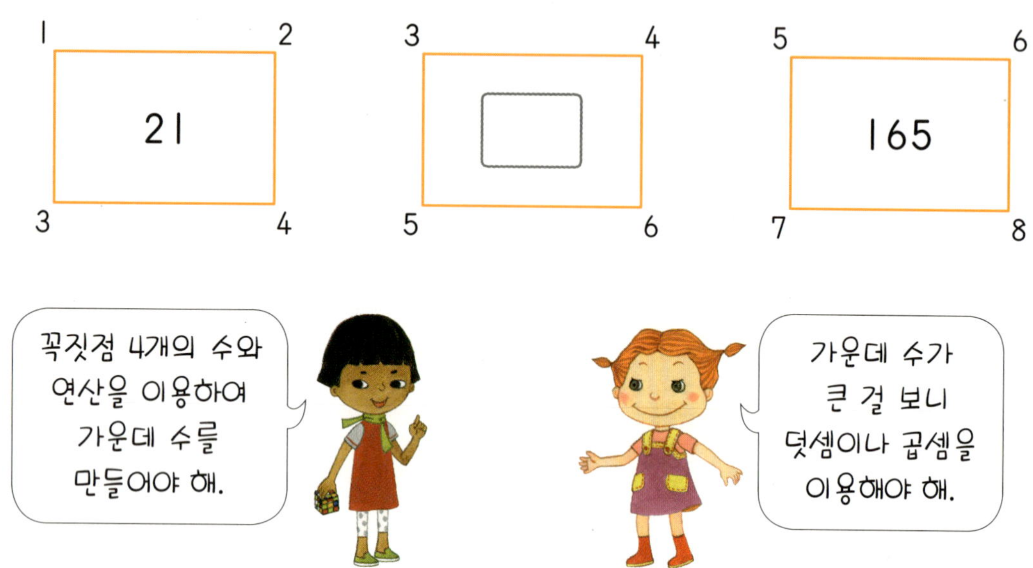

❶ 가운데 수를 두 수의 곱으로 나타내어 보시오. (단, 순서가 바뀐 두 수의 곱은 같은 것으로 봅니다.)

$$21 = 1 \times 21$$
$$= \square \times \square$$

$$165 = 1 \times 165$$
$$= \square \times \square$$
$$= \square \times \square$$
$$= \square \times \square$$

❷ 꼭짓점의 수를 일정한 규칙으로 더하면 곱이 되는 두 수를 만들 수 있습니다. 규칙을 찾아 ☐ 안에 들어갈 수를 구하시오.

1 도형의 약속에 맞게 ☐ 안에 알맞은 수를 써넣으시오.

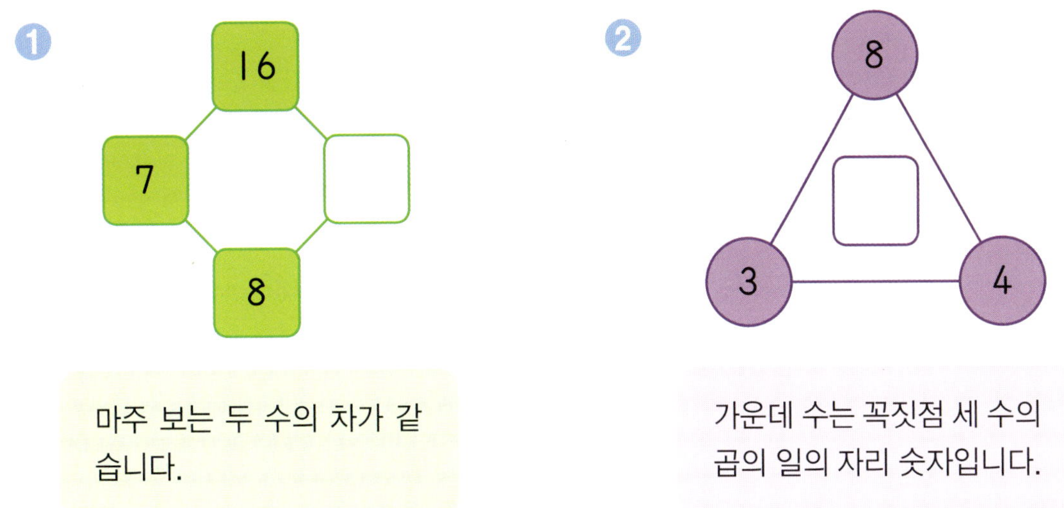

2 다음 그림에서 도형 수 사이의 약속을 찾아 ☐ 안에 알맞은 수를 써넣으시오.

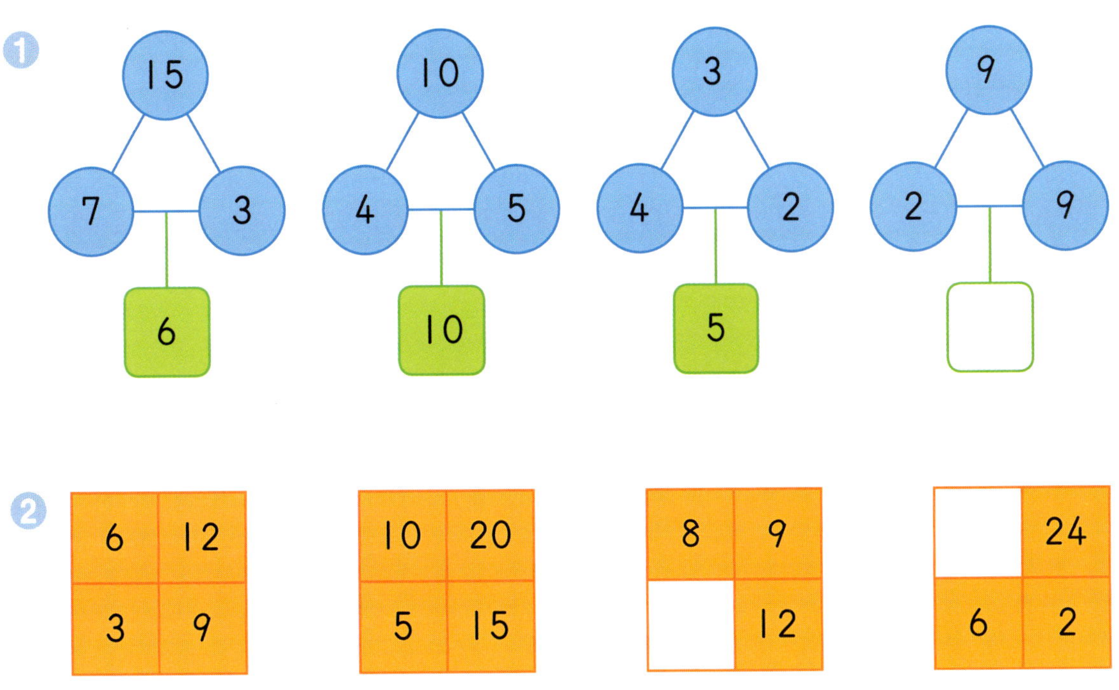

여러 가지 연산 약속

$\begin{vmatrix} ㉠ & ㉡ \\ ㉢ & ㉣ \end{vmatrix} = (㉠ \times ㉣) - (㉡ \times ㉢)$과 같이 계산할 때, ☐ 안에 알맞은 수를 구해 봅시다.

$$\begin{vmatrix} 6 & ☐ \\ 5 & 8 \end{vmatrix} = 18$$

❶ 규칙에 맞게 계산하려고 합니다. ☐ 안에 알맞은 수를 써넣으시오.

$$\begin{vmatrix} 3 & 7 \\ 2 & 5 \end{vmatrix} = \boxed{3} \times \boxed{5} - ☐ \times ☐ = ☐$$

$$\begin{vmatrix} 4 & 5 \\ 3 & 7 \end{vmatrix} = ☐ \times ☐ - ☐ \times ☐ = ☐$$

❷ $\begin{vmatrix} 6 & ☐ \\ 5 & 8 \end{vmatrix} = 18$을 ☐를 사용한 식으로 나타내고, 알맞게 계산하여 ☐ 안의 수를 구하시오.

1 다음은 어떤 약속에 따라 수를 구한 것입니다. 다음을 구해 보시오.

$$X(3, 7, 4)=19 \qquad X(5, 1, 6)=31 \qquad X(3, 2, 1)=5$$
$$Y(3, 7, 4)=5 \qquad Y(5, 1, 6)=29 \qquad Y(3, 2, 1)=1$$

$$X(5, 2, 4)=\boxed{} \qquad Y(7, 3, 4)=\boxed{}$$

[합과 차의 곱]

2 ㉠ ＊ ㉡＝(㉠＋㉡)×(㉠－㉡)과 같이 계산할 때, ☐ 안에 알맞은 수를 써넣으시오.

$$8 * \boxed{} = 48$$

6 암호

암호와 암호를 풀 수 있는 단서인 암호키를 이용하여 마법 지팡이가 숨겨진 곳을 찾아보시오.

암호

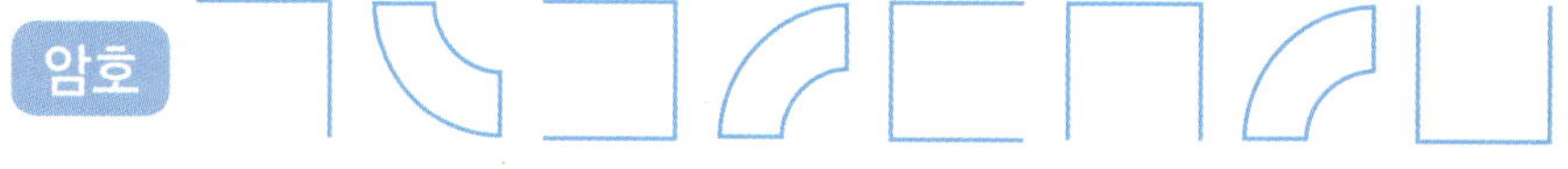

암호키

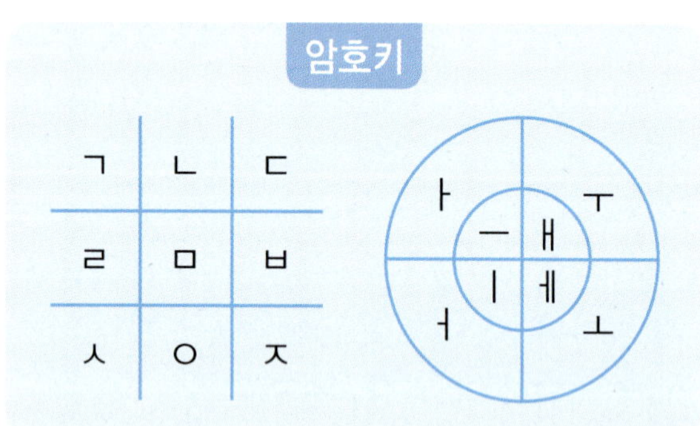

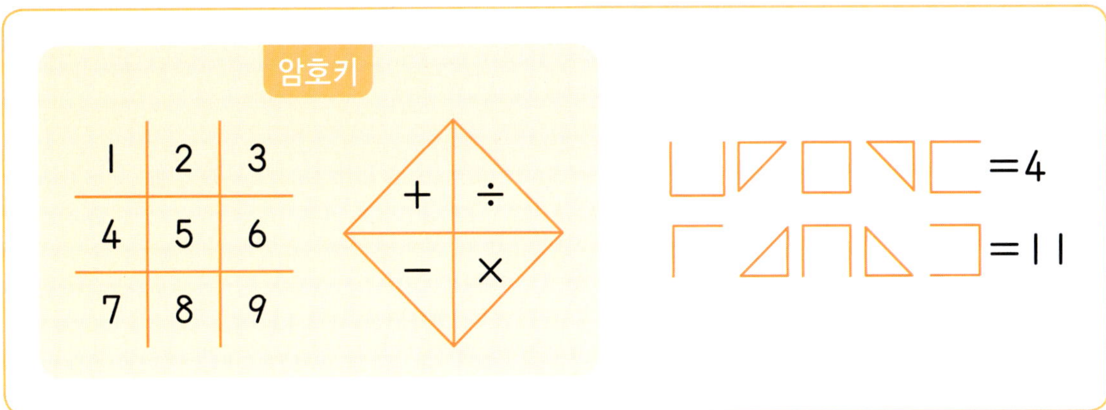

암호를 해독할 때 단서가 되는 규칙을 암호키라고 합니다.

숫자 암호는 규칙에 맞게 문자 대신 숫자로 나타냅니다.

1	2	3	4	5	⋯⋯
ㄱ	ㄴ	ㄷ	ㄹ	ㅁ	⋯⋯

①	②	③	④	⑤	⋯⋯
ㅏ	ㅑ	ㅓ	ㅕ	ㅗ	⋯⋯

해독

1 → ㄱ

⑤ → ㅗ

1⑤ → 고

곱 암호는 세로줄과 가로줄의 위치를 이용하여 문자를 나타냅니다.

×	1	2	3
1	A	B	C
2	D	E	F
3	G	H	I

해독

(1, 2) → B

(3, 1) → G

숫자 암호

다음은 문자를 숫자로 바꾸어 나타낸 암호문입니다.

노크 → ② ⑤ ⑪ ⑨   흥미 → ⑭ ⑨ ⑧ ⑤ ⑩

암호의 규칙을 찾아내어 다음 암호를 해독하여 봅시다.

⑦ ⑦ ⑭ ① ①

❶ 다음은 '노크'를 자음과 모음 표에 나타낸 것입니다. '흥미'를 자음과 모음 표에 나타내시오.

자음	①	②	③	④	⑤	⑥	⑦	⑧	⑨	⑩	⑪	⑫	⑬	⑭
		ㄴ									ㅋ			

모음	①	②	③	④	⑤	⑥	⑦	⑧	⑨	⑩
					ㅗ				ㅡ	

❷ 규칙을 찾아 위의 자음과 모음 표를 완성하시오.

❸ 자음과 모음 표를 이용하여 암호를 해독하시오.

⑦ ⑦ ⑭ ① ①

[암호로 나타내기]

1 숫자 암호를 이용하여 다음을 암호로 나타내시오.

한입 ➡

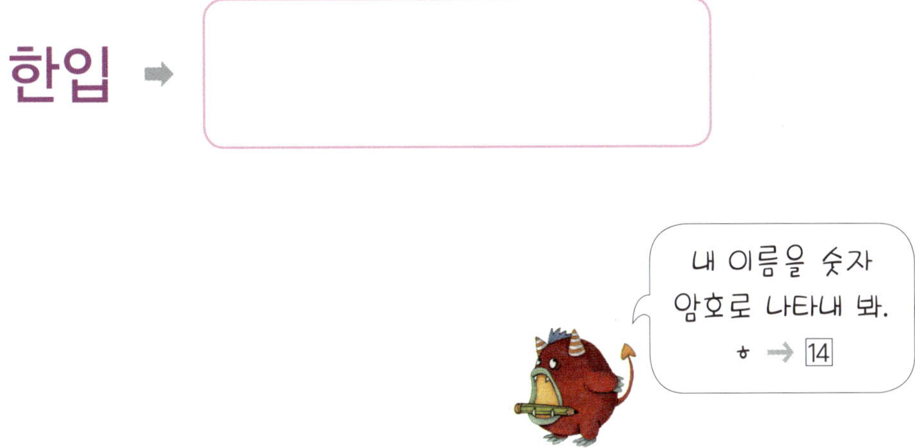

[지팡이 암호 해독]

2 숫자 암호를 해독하여 누구의 지팡이인지 알아보시오.

 # 곱 암호

암호키가 찢어져 일부분이 보이지 않습니다. 암호키를
복원하고 다음 암호를 해독해 봅시다.

$$(3, 2), (5, 1), (2, 3), (1, 4)$$

×	1	2	3	4	5
1	A	F	K	P	
2	B	G			
3	C				
4					
5					

❶ 규칙을 찾아 암호키를 복원하시오.

×	1	2	3	4	5
1	A	F	K	P	
2	B	G			
3	C				
4					
5					Y

❷ (3, 2)는 세로로 3, 가로로 2인 칸을 나타냅니다.
(3, 2)와 같은 방법으로 ❶의 암호키에 (5, 1),
(2, 3), (1, 4)가 나타내는 칸을 색칠하시오.

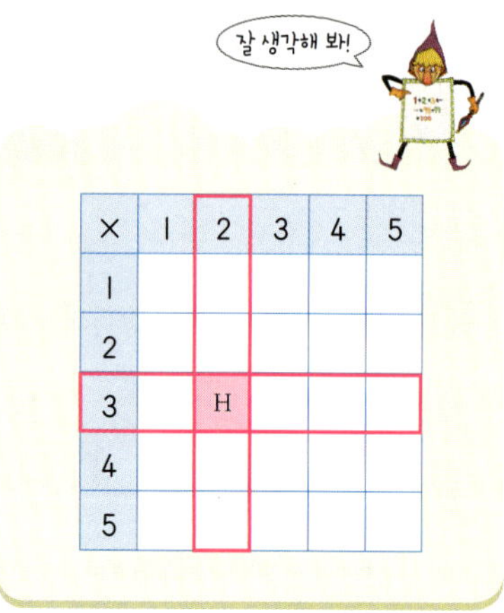

❸ ❷에서 색칠한 알파벳을 사용하여 암호를 해독하시오.

1 다음은 암호를 해독한 것입니다. 암호키를 완성하시오.

$$(1, 1), (4, 1), (4, 1), (3, 2), (1, 5) \rightarrow \text{APPLE}$$

×	1	2	3	4	5
1	A				
2					
3					
4	P				
5					

2 위의 암호키를 이용하여 다음을 해독하시오.

$$(3, 3), (3, 5), (4, 5), (2, 3), (1, 5), (4, 3)$$

창의적 문제해결력

1 다음은 어떤 약속에 맞게 수를 나타낸 것입니다. ◎ 안에 알맞은 수를 써넣으시오.

$$①=1 \qquad ②=1+3$$

$$③=1+3+5 \qquad ⑥=1+3+5+7+9+11$$

$$③+④=◯$$

2 ①, ② 두 가지 상자에 수를 넣으면 서로 다른 규칙에 따라 수가 나옵니다. 규칙을 찾아 ☐ 안에 알맞은 수를 써넣으시오.

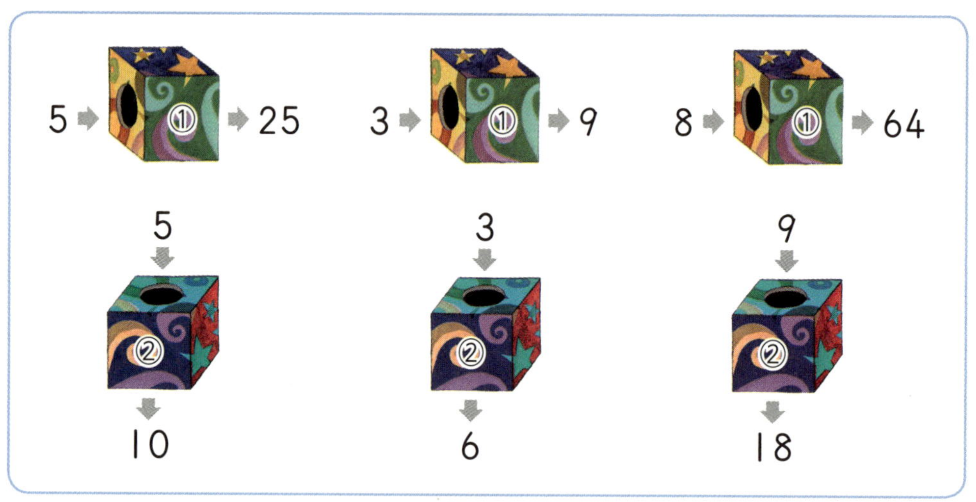

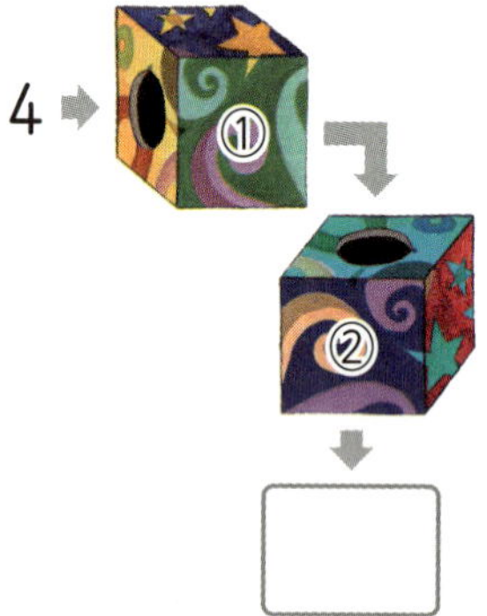

3 ★이 나타내는 계산 규칙을 찾아 ☐ 안에 알맞은 수를 써넣으시오.

$$8 ★ 5 = 16 \qquad 7 ★ 1 = 14$$
$$5 ★ 3 = 10 \qquad 3 ★ 4 = 8$$

$$☐ ★ 3 = 18$$

4 암호를 해독한 것을 보고 규칙을 찾아 ☐ 안에 알맞게 써넣으시오.

$$1115180501 → \textbf{KOREA}$$

$$0308091401 ⇒ \boxed{}$$

01	02	03	04	05	……
A				E	……

Chapter 3

여러 가지 규칙

멍하니 요괴와 잠만자 요괴는 별 모양의 도형에 직선 **2**개를 그어 도형을 나누었습니다.

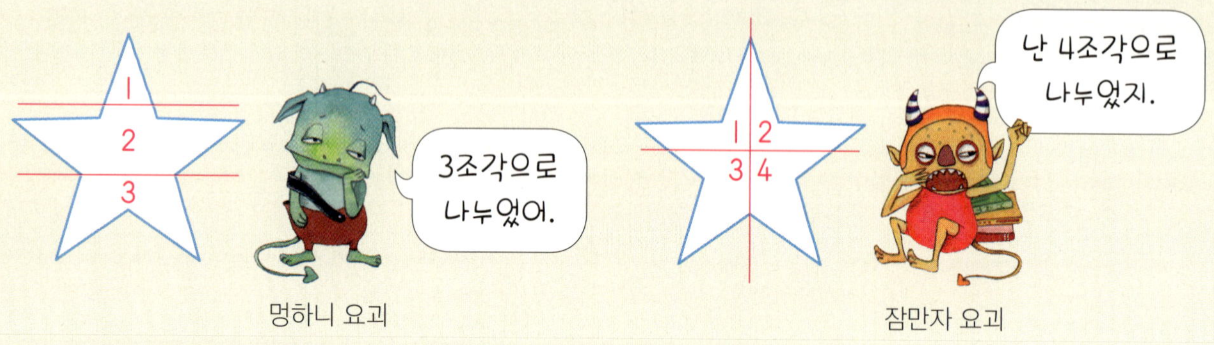

장난 요괴와 딴짓 요괴는 더 많은 조각으로 나눌 수 있다고 합니다.

안의 조각의 수가 되도록 정사각형에 **3**개의 직선을 그어 보시오.

5조각	6조각	7조각

크기가 같은 정사각형 2개를 겹쳤더니 만나는 점이 2개가 되었습니다. 만나는 점의 개수가 3개, 4개, 5개가 되도록 크기가 같은 정사각형 2개를 겹쳐 그려 보시오.

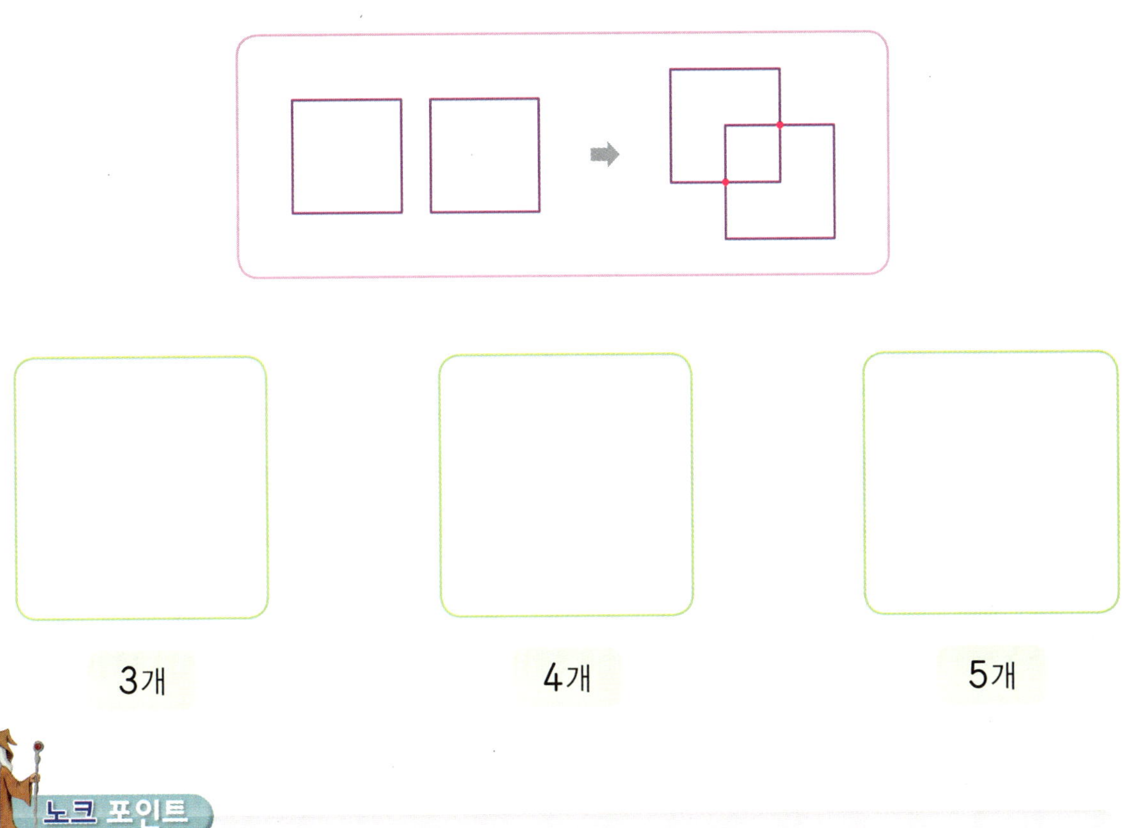

3개 4개 5개

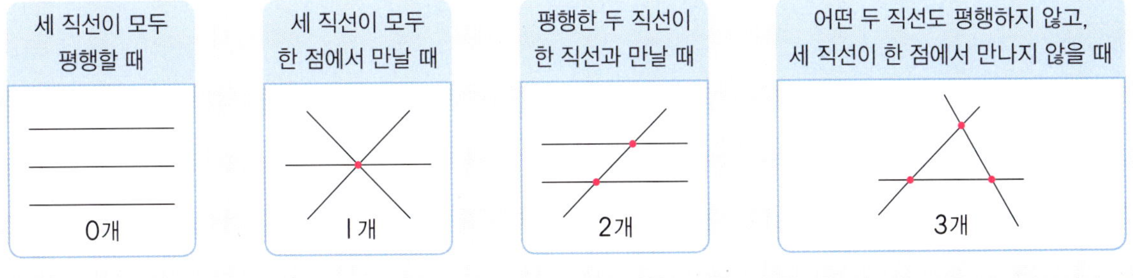

선과 선이 만나서 생기는 점을 교점이라고 합니다.

세 직선을 그었을 때 직선을 긋는 방법에 따라 교점의 개수는 달라집니다.

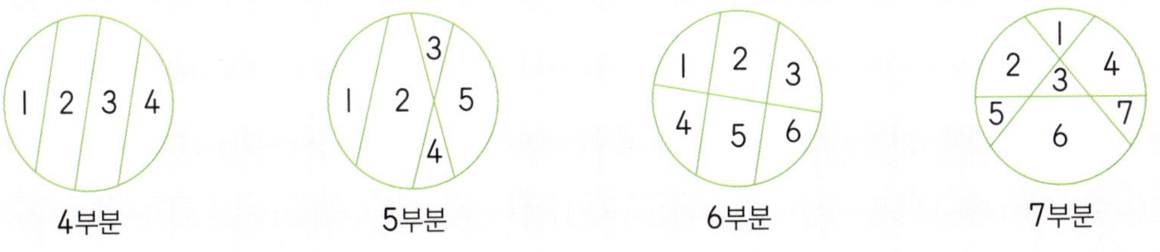

원 위의 점과 점을 이은 선분의 개수, 선분을 긋는 방법에 따라 나누어진 부분의 개수는 달라집니다.

원의 영역의 개수

원에 직선 3개를 그으면 적게는 4부분, 많게는 7부분으로 나누어집니다.

4부분

5부분

6부분

7부분

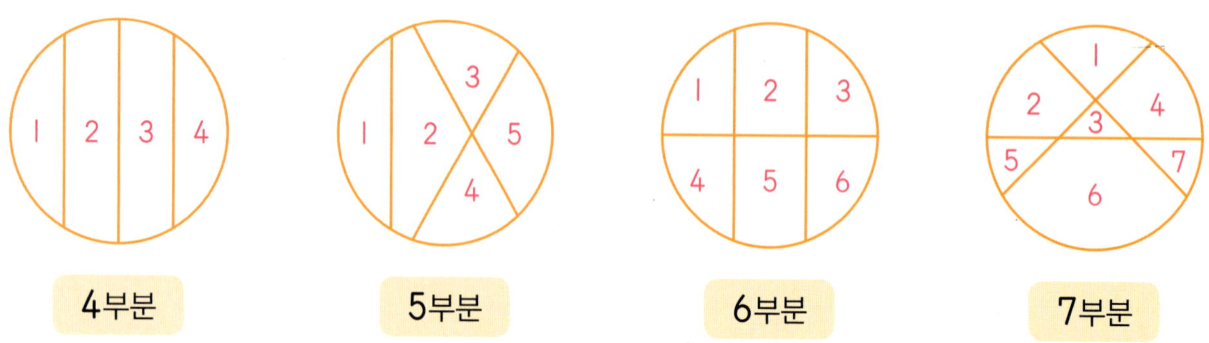

원에 직선 4개를 그으면 적게는 5부분, 많게는 11부분으로 나누어집니다. 각각의 경우에 맞게 직선을 그어 나타내시오.

5부분

6부분

7부분

8부분

9부분

10부분

11부분

1 원에 직선 6개를 그어 가장 많은 부분으로 나눈 것입니다. 몇 부분으로 나누어졌는지
세어 보시오.

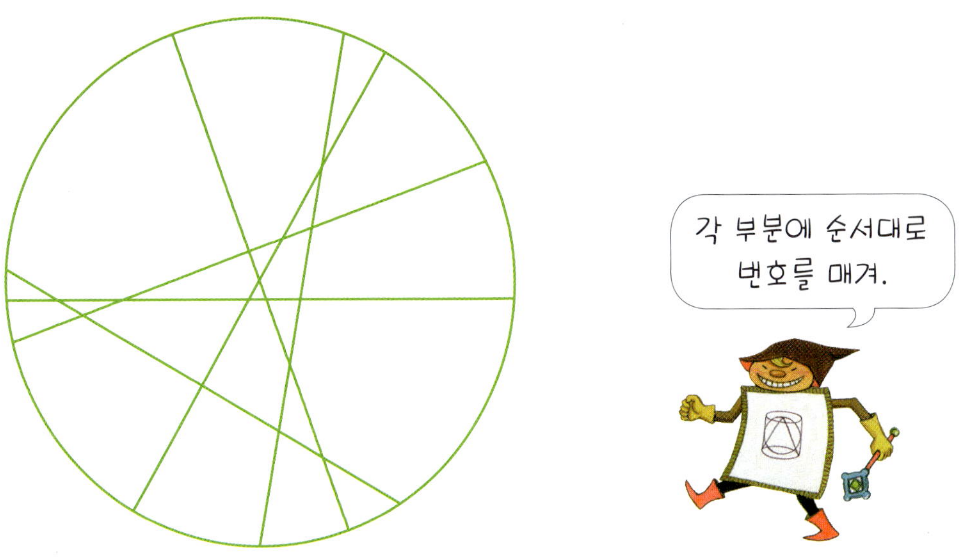

2 원에 직선 5개를 그어 나누어진 부분이 가장 적은 경우와 가장 많은 경우를 나타내고
나누어진 부분의 개수를 ☐ 안에 써넣으시오.

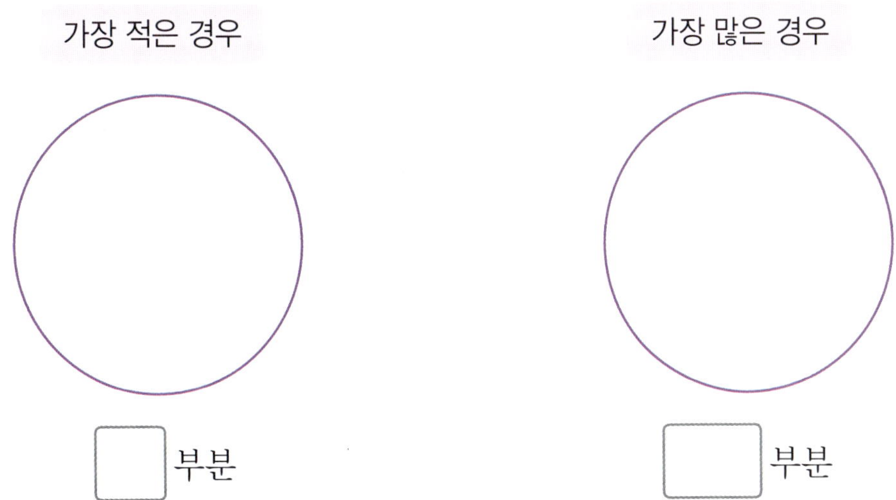

 # 교점의 개수의 규칙

7개의 직선을 그었을 때 생기는 교점의 최대 개수를 알아봅시다.

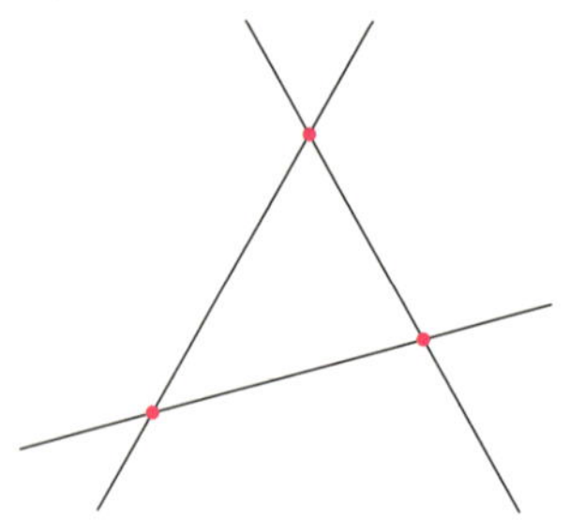

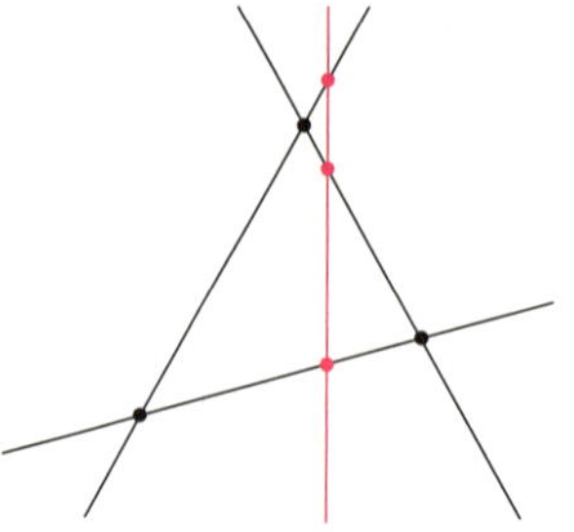

❶ 직선의 개수와 교점의 최대 개수를 표로 나타내었습니다. 다음 표를 완성하고 규칙을 찾아 쓰시오.

직선의 개수	2개	3개	4개	5개	……
교점의 최대 개수	1개	3개			……

규칙:

❷ 규칙을 이용하여 7개의 직선을 그었을 때 생기는 교점의 최대 개수를 구하시오.

1 여러 가지 방법으로 직선 3개를 그었습니다. 교점의 개수를 ☐ 안에 써넣으시오.

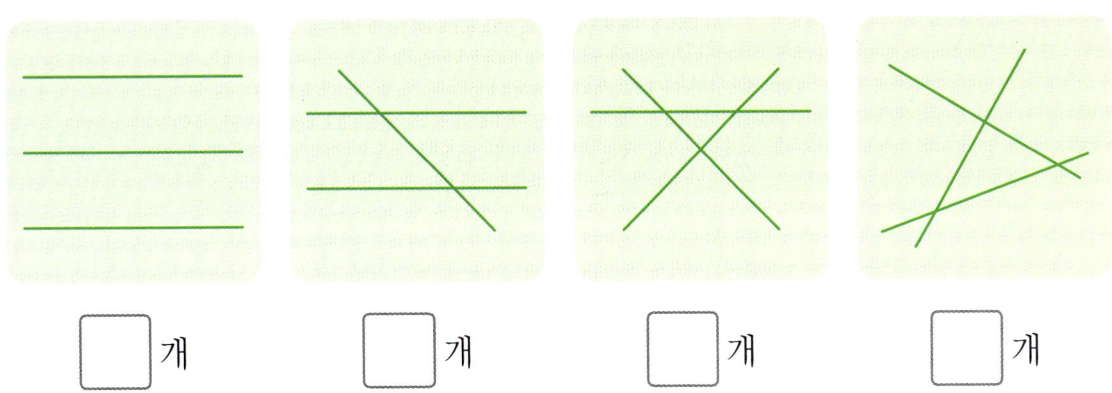

☐ 개   ☐ 개   ☐ 개   ☐ 개

[점의 개수에 맞게 직선 그리기]

2 만나는 점의 개수에 맞게 직선 4개를 그어 보시오.

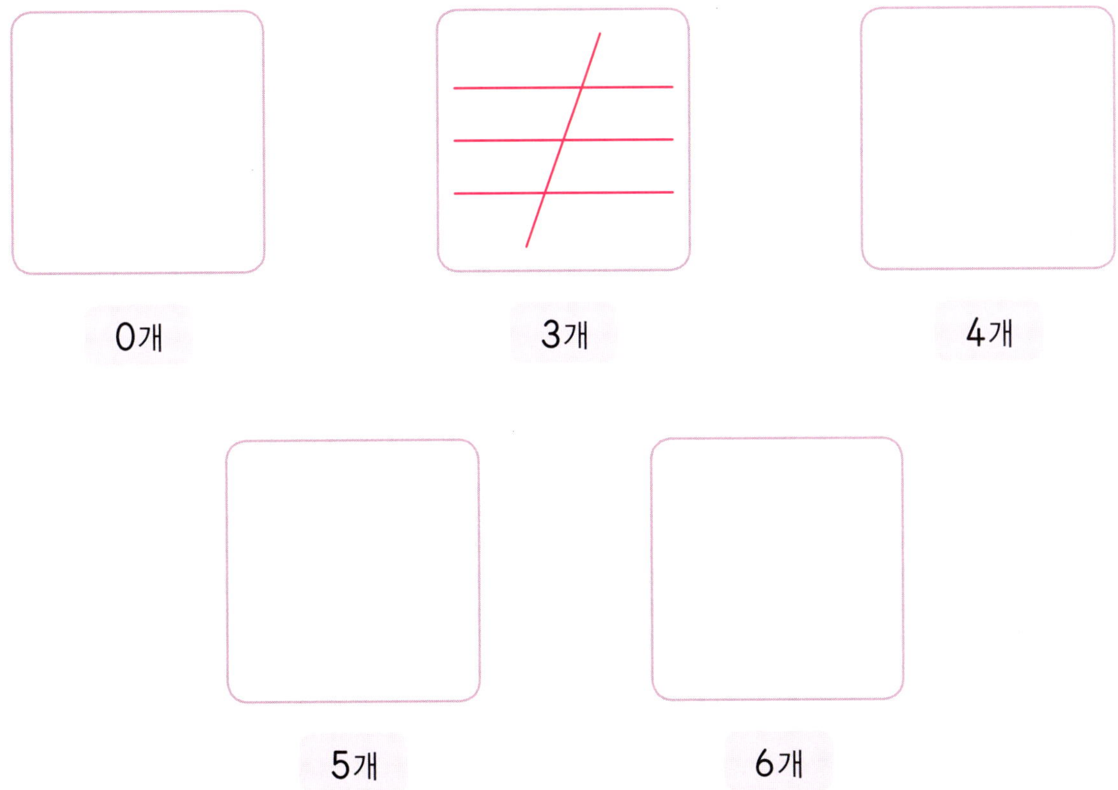

0개   3개   4개

5개   6개

8 수 배열 규칙

4명의 아이들이 서로 다른 규칙으로 수를 차례대로 나열하였습니다. 빈칸에 알맞은 수를 쓰시오.

1		4		
		8	12	
6				20
10	14	18		
			24	

26			29	
	42			31
40			45	32
39	48			
			35	

51	52		60	
				74
55		57		73
	65			
67		69		

76		78		
85				81
	87			
	94		92	
		98		100

다음과 같이 2가지 방법으로 수를 차례대로 배열하였습니다. 32는 어느 행과 어느 열에 있습니까?

1행	1	6	7	12	13	……
2행	2	5	8	11	14	……
3행	3	4	9	10	15	……

1열	2열	3열	4열
1	2	3	4
8	7	6	5
9	10	11	12
16	15	14	13
⋮	⋮	⋮	⋮

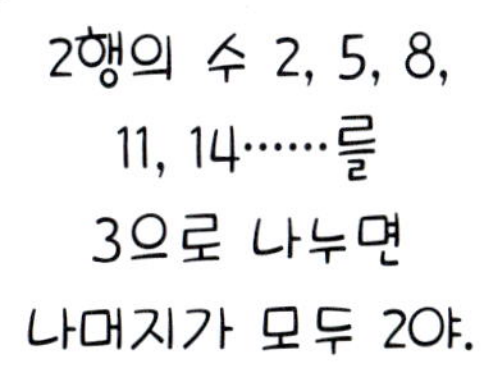

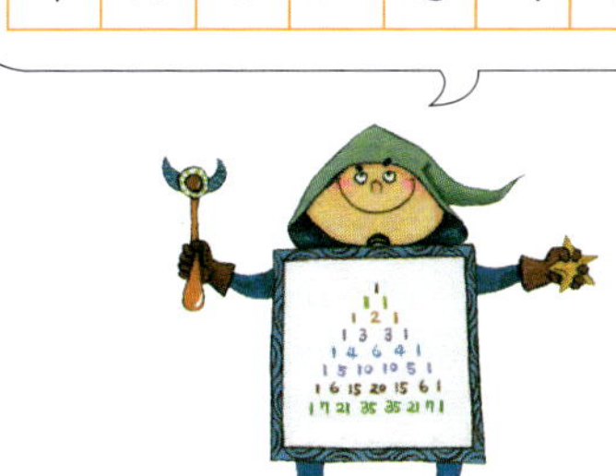

1열	2열	3열	4열	4열	3열	2열	1열
1	2	3	4	5	6	7	8
9	10	11	12	13	14	15	16

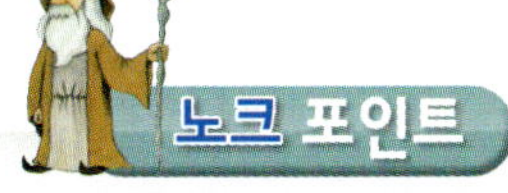

노크 포인트

격자판에 일정한 규칙으로 수를 배열할 때 1행과 1열, 대각선의 수에서 규칙을 찾을 수 있습니다.

1행의 수: 1, 4, 5, 16, 17……

1열의 수: 1, 2, 9, 10, 25……

대각선의 수: 1, 3, 7, 13, 21……

행＼열	1	2	3	4	5	……
1	○	4	5	16	17	
2	2	○	6	15	18	
3	9	8	○	14	19	
4	10	11	12	○	20	
5	25	24	23	22	○	
⋮						⋱

손가락 수 배열

꼬마 요괴 넷이 다음과 같이 차례로 수를 세어 100을 말하는 요괴가 술래가 되기로 하였습니다. 누가 술래가 될지 알아봅시다.

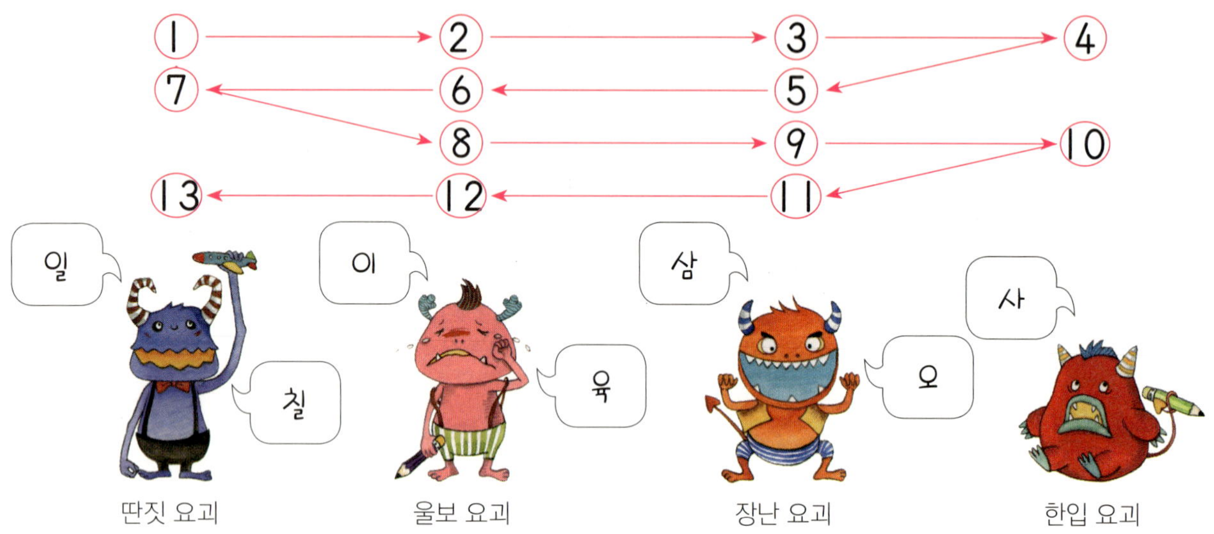

❶ 꼬마 요괴가 말하는 수를 1부터 12까지 순서대로 빈칸에 쓰시오.

1열	2열	3열	4열	5열	6열
딴짓 요괴	울보 요괴	장난 요괴	한입 요괴	장난 요괴	울보 요괴
1	2	3	4		

❷ 100은 위의 표에서 어느 열에 있습니까?

❸ 술래의 이름을 쓰시오.

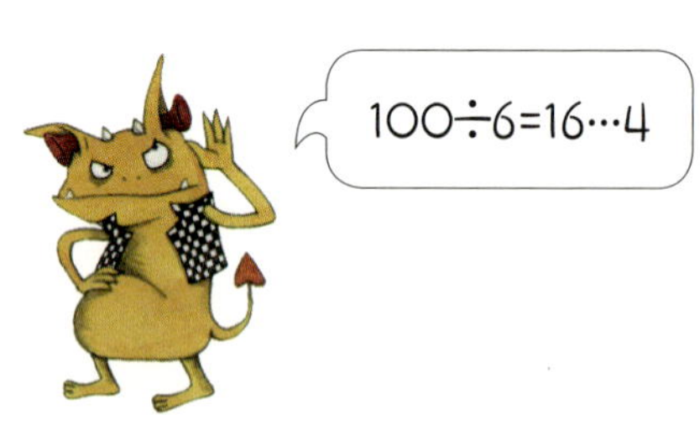

1 다음과 같이 오각형의 꼭짓점에 시계 방향으로 1부터 순서대로 수를 씁니다. 99는 어느 꼭짓점 위에 있는지 기호를 쓰시오.

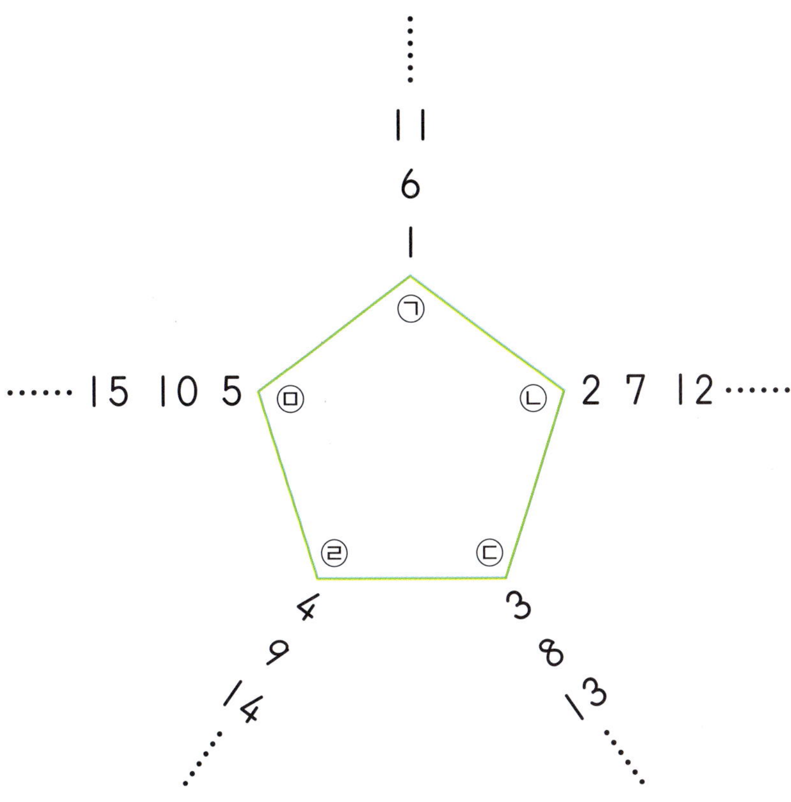

[손가락 세기]

2 그림과 같이 손가락으로 수를 셀 때 50을 세는 손가락에 ◯표 하시오.

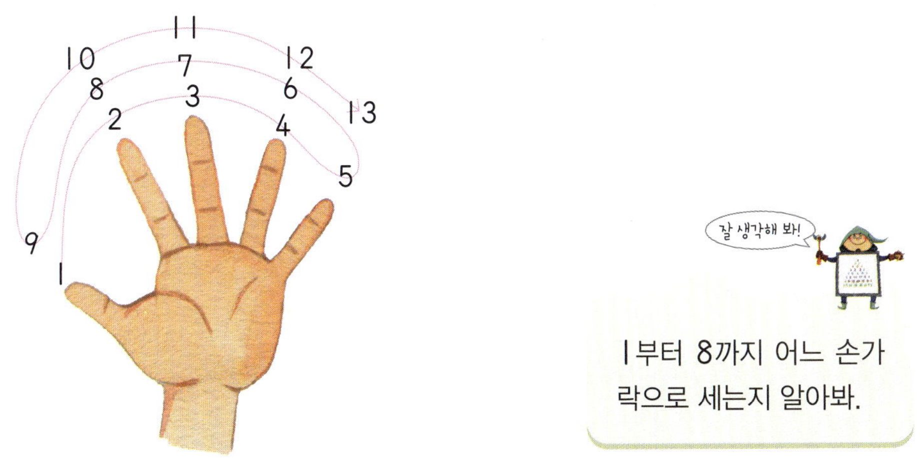

 격자 수 배열

일정한 규칙으로 수를 나열하였습니다. 2행 7열의 수와 9행 2열의 수를 구해 봅시다.

열 행	1열	2열	3열	4열	5열	⋯⋯
1행	1	2	9	10	25	
2행	4	3	8	11	24	
3행	5	6	7	12	23	
4행	16	15	14	13	22	
5행	17	18	19	20	21	

❶ 1행의 수를 나열한 것입니다. 규칙을 찾아 ☐ 안에 알맞은 수를 써넣으시오.

1×1 3×3   5×5
1, 2, 9, 10, 25, ☐, ☐, ☐, ☐ ⋯⋯
   +1   +1

❷ 2행 7열은 1행 7열의 바로 아래 칸입니다. 2행 7열의 수는 얼마입니까?

❸ 1열의 수의 규칙을 찾아 ☐ 안에 알맞은 수를 써넣고 9행 2열의 수를 구하시오.

1, 4, 5, 16, 17, ☐, ☐, ☐, ☐ ⋯⋯

1 일정한 규칙에 따라 삼각형 모양으로 수를 나열하였습니다. 8번째 줄 2번째 수는 무엇입니까?

```
1번째 줄 -              1
2번째 줄 -          2  3  4
3번째 줄 -       5  6  7  8  9
4번째 줄 -    10 11 12 13 14 15 16
5번째 줄 - 17 18 19 20 21 22 23 24 25
```

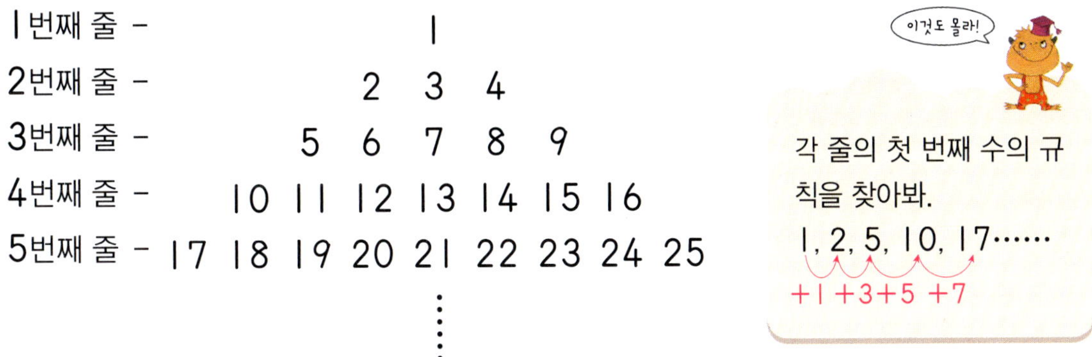

2 다음과 같이 일정한 규칙에 따라 수를 배열하였습니다. 50은 몇 행 몇 열의 수입니까?

열\행	1열	2열	3열	4열	5열	……
1행	1	4	5	16	17	
2행	2	3	6	15	18	
3행	9	8	7	14	19	
4행	10	11	12	13	20	
5행	25	24	23	22	21	

여러 가지 규칙 찾기

태경, 초이, 지오와 꼬마 요괴들이 동물 규칙 놀이를 합니다.

태경

잘난척 요괴

초이

장난 요괴

지오

울보 요괴

지오의 규칙은 '○'의 수와 관계가 있습니다. 양은 몇입니까?

이번에는 아인이가 문제를 냅니다. 북극곰은 몇입니까?

아인

일정한 규칙에 따라 도형을 그려 나갔습니다. 5단계 모양의 도형의 개수를 표의 빈칸에 써넣으시오.

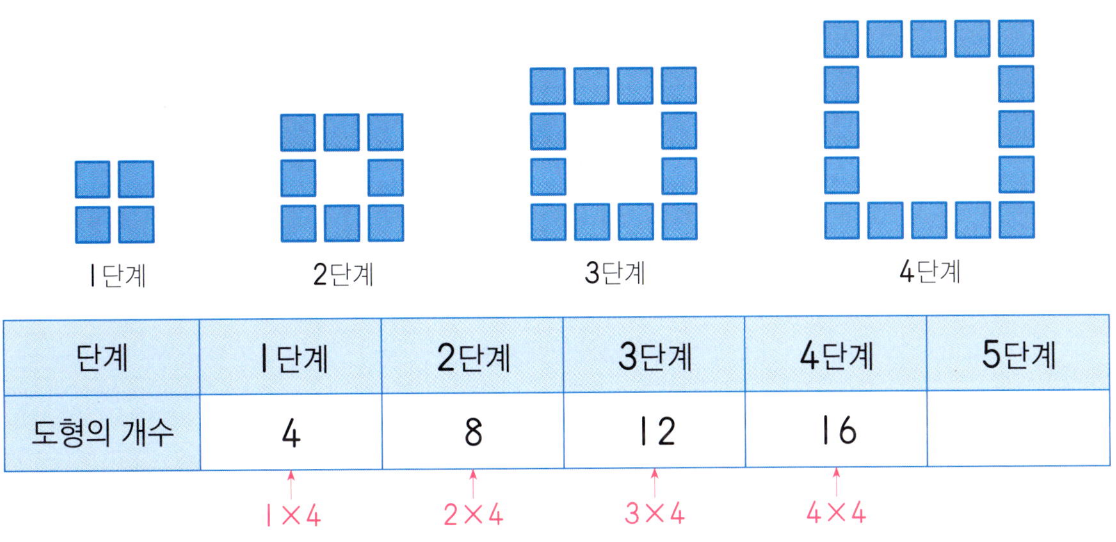

단계	1단계	2단계	3단계	4단계	5단계
도형의 개수	4	8	12	16	

1×4 　2×4 　3×4 　4×4

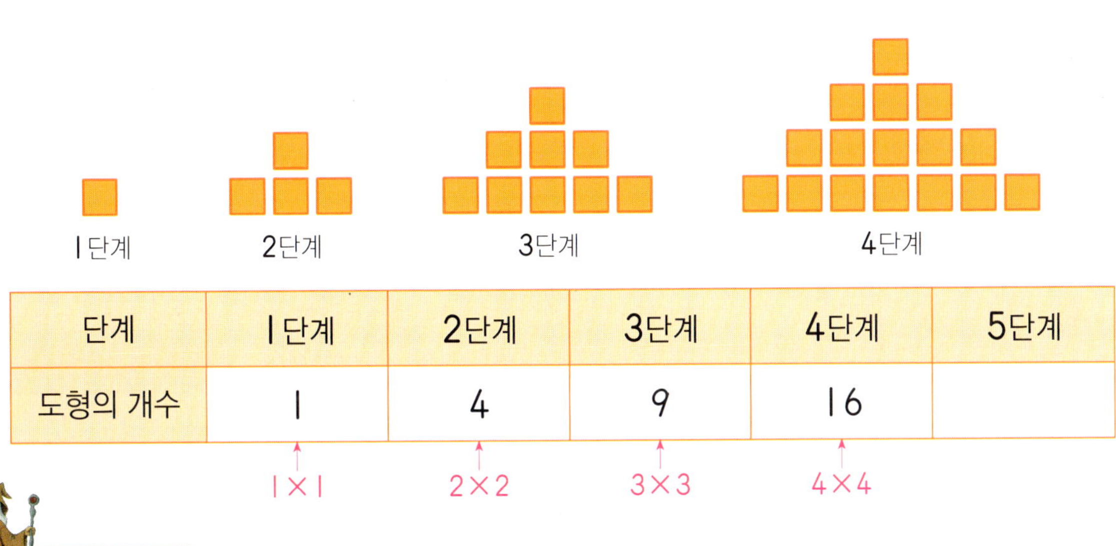

단계	1단계	2단계	3단계	4단계	5단계
도형의 개수	1	4	9	16	

1×1 　2×2 　3×3 　4×4

노크 포인트

도형의 개수가 늘어나는 규칙을 찾을 때 각 단계의 도형의 개수를 곱으로 나타내어 구할 수 있습니다.

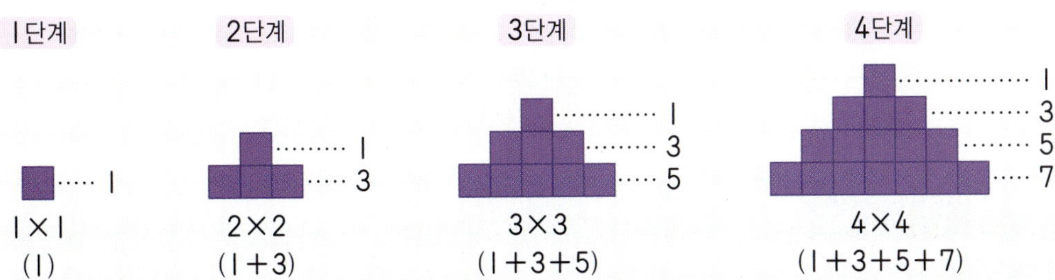

곱으로 나타내어 규칙 찾기

일정한 규칙에 따라 성냥개비로 만든 모양입니다. 9단계 모양을 만들 때 필요한 성냥개비의 수를 알아봅시다.

❶ 각 단계에 사용한 성냥개비의 수를 구하고, ☐ 안에 알맞은 수를 써넣으시오.

단계	1단계	2단계	3단계	4단계	……
성냥개비의 수	1	4	9		……

+3   +5   +☐

❷ 각 단계에 사용한 성냥개비의 수를 같은 수의 곱으로 나타낼 수 있습니다. 빈칸에 알맞은 식과 수를 쓰고, 9단계 모양을 만들 때 필요한 성냥개비의 수를 구하시오.

단계	1단계	2단계	3단계	4단계	……	9단계
성냥개비의 수	1	4	9		……	
같은 수의 곱	1×1	2×2			……	

1 다음은 규칙에 따라 작은 정사각형을 붙여 만든 모양입니다. 8번째 모양에서 찾을 수 있는 작은 정사각형은 모두 몇 개입니까?

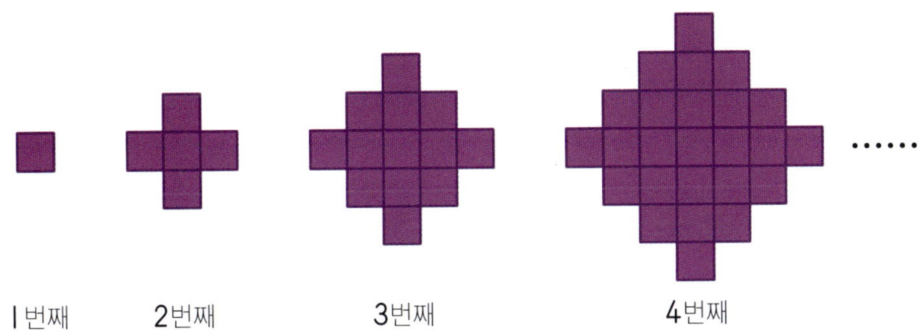

2 다음과 같은 규칙으로 쌓기나무를 6층까지 쌓는다고 할 때 필요한 쌓기나무는 모두 몇 개입니까?

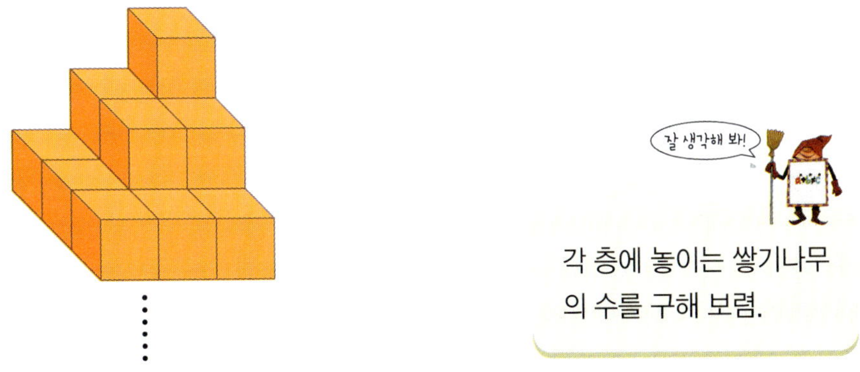

바둑돌 규칙

일정한 규칙으로 바둑돌을 늘어놓았습니다. 검은색 바둑돌이 흰색 바둑돌보다 더 많아지는 것은 몇 단계인지 알아봅시다.

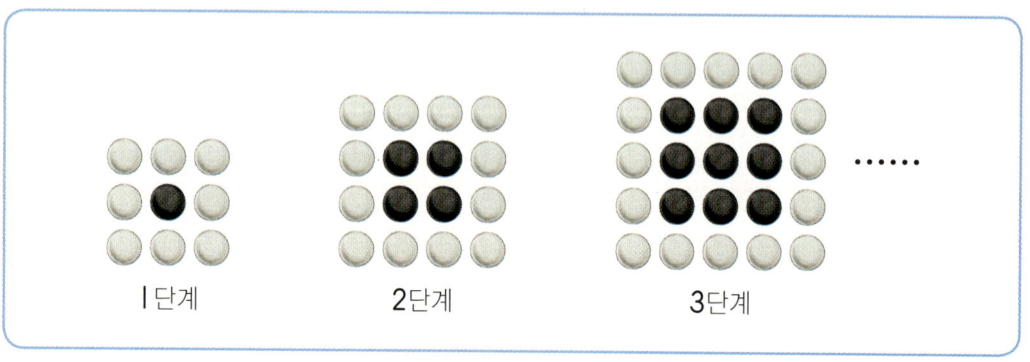

❶ 흰색 바둑돌과 검은색 바둑돌의 개수를 규칙에 맞게 곱셈식으로 나타내시오.

단계	1단계	2단계	3단계	4단계	5단계	6단계
⚪	2×4	3×4				
⚫	1×1	2×2				

❷ 4단계에서 6단계까지 흰색 바둑돌과 검은색 바둑돌의 개수를 각각 구하시오. 검은색 바둑돌이 흰색 바둑돌보다 더 많아지는 것은 몇 단계입니까?

단계	……	4단계	5단계	6단계	……
⚪	……	20			……
⚫	……	16			……

1 일정한 규칙으로 바둑돌을 늘어놓았습니다. I0단계에서 검은색 바둑돌과 흰색 바둑돌의 개수의 차를 구하시오.

2 다음과 같이 바둑돌을 규칙에 따라 늘어놓았습니다. 9단계에서 흰색 바둑돌은 검은색 바둑돌보다 몇 개 더 많습니까?

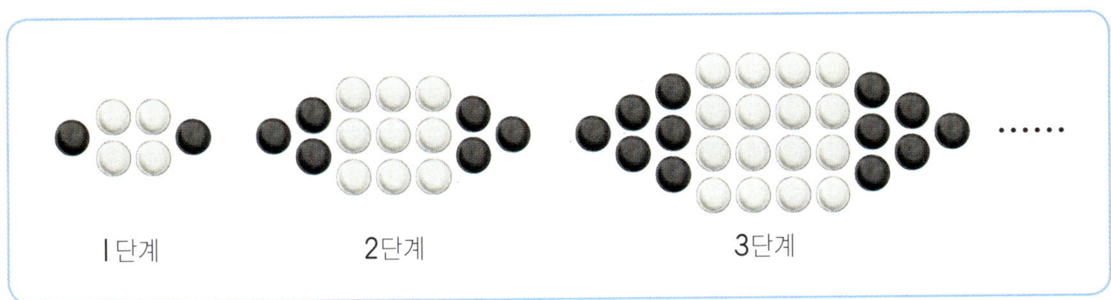

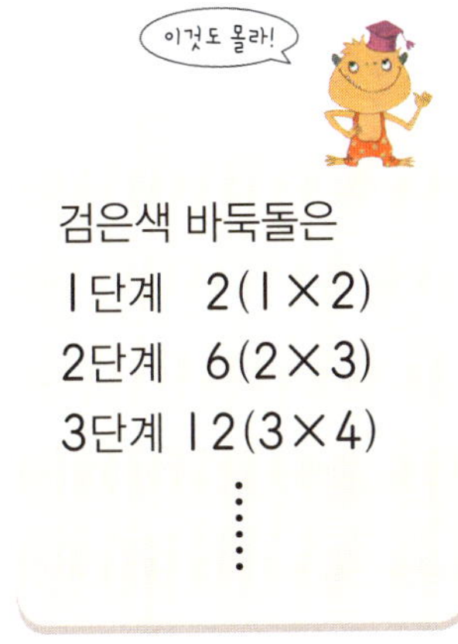

검은색 바둑돌은
I단계 2(I×2)
2단계 6(2×3)
3단계 I2(3×4)

1 다음은 크기가 같은 정사각형 2개를 겹쳐서 3개의 부분으로 나눈 것입니다.

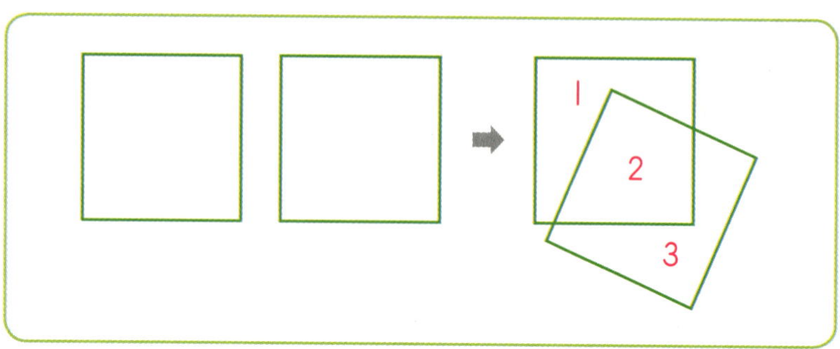

같은 방법으로 크기가 같은 정사각형 2개를 겹쳐 그려서 가장 많은 부분으로 나누어 지도록 만들어 보시오. 몇 부분으로 나누어집니까?

2 다음과 같이 알파벳 N자에 직선 3개를 그을 때 생기는 교점의 최대 개수를 구하시오.

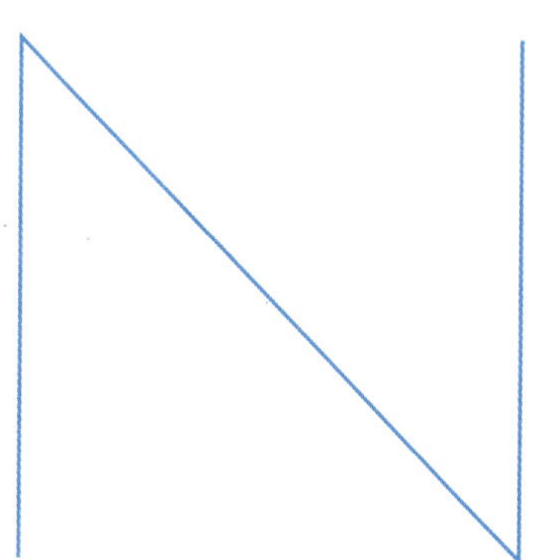

3 다음과 같이 일정한 규칙에 따라 수를 쓸 때 8행 8열의 수는 얼마입니까?

행＼열	1열	2열	3열	4열	5열	……
1행	1	2	9	10	25	
2행	4	3	8	11	24	
3행	5	6	7	12	23	
4행	16	15	14	13	22	
5행	17	18	19	20	21	

4 다음과 같은 규칙으로 정사각형 모양의 색종이를 붙여 나갈 때, 6단계에 필요한 색종이는 모두 몇 장입니까?

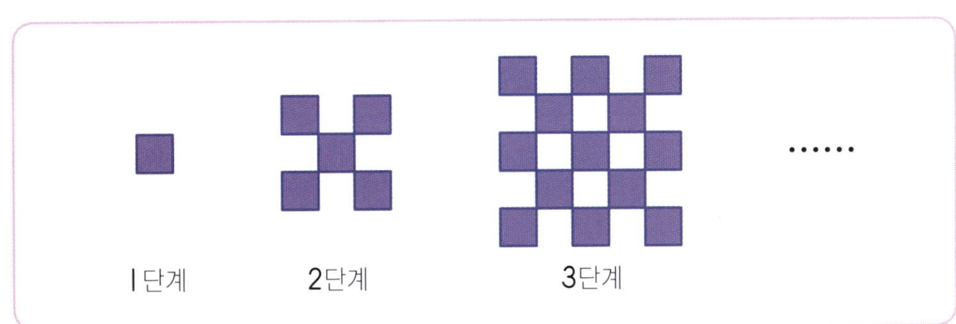

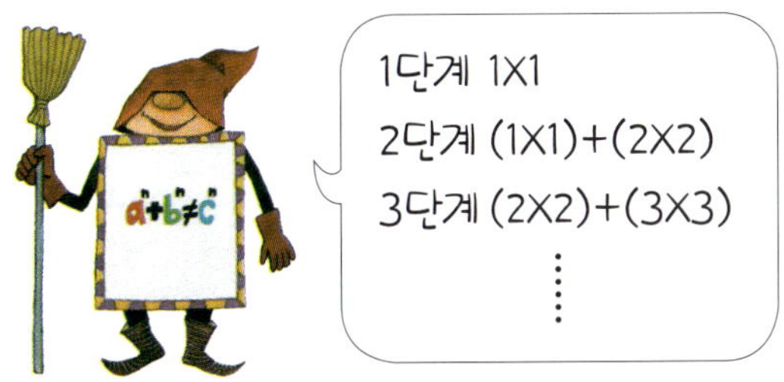

역사 속 규칙

시어핀스키 삼각형

삼각형의 각 변의 중심을 이어 만든 가운데 삼각형을 잘라버리는 규칙을 무한히 반복하여 만든 모양을 시어핀스키 삼각형이라고 합니다.

다음은 파스칼의 삼각형입니다. 홀수에 색칠하여 보시오. 시어핀스키 삼각형이 나타납니까?

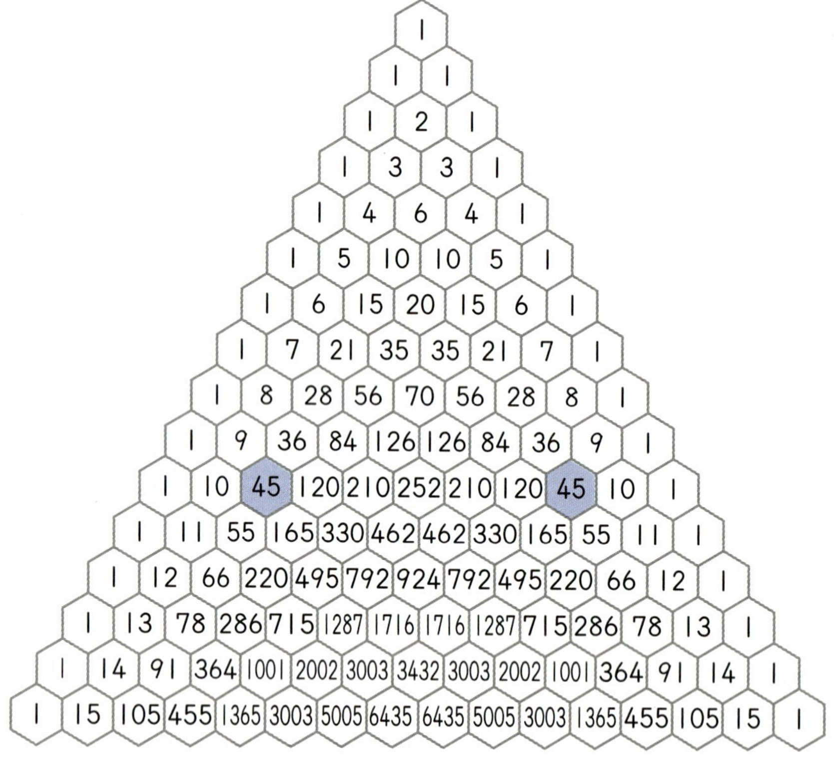

다음은 시어핀스키 삼각형입니다. 각 단계마다 색칠된 삼각형의 개수를 세어 ☐ 안에 써넣으시오.

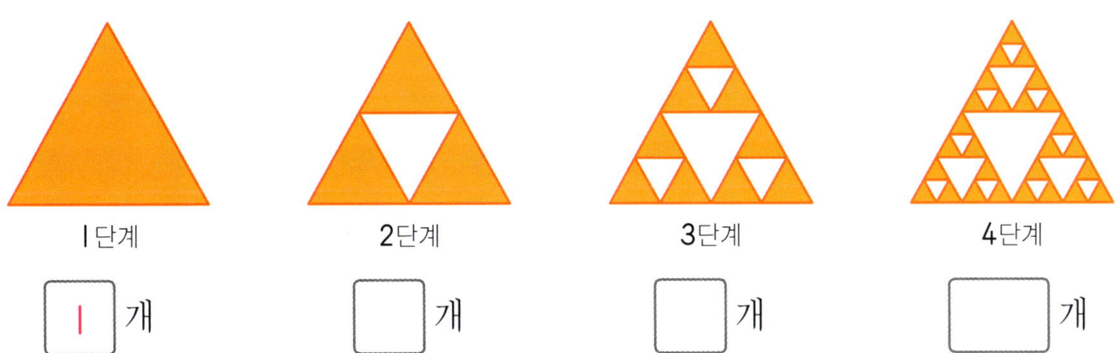

1단계	2단계	3단계	4단계
☐ 1 개	☐ 개	☐ 개	☐ 개

위에서 구한 삼각형의 개수를 다음 표의 빈칸에 쓰고 규칙을 찾아 5단계 삼각형의 수를 구하시오.

단계	1단계	2단계	3단계	4단계	5단계
삼각형의 수	1				

노크 포인트

삼각형의 각 변의 중심을 이어 만든 가운데 삼각형을 버리는 과정을 무한히 반복하여 만든 도형을 시어핀스키 삼각형이라고 합니다.
시어핀스키 삼각형에서 남아 있는 삼각형의 개수는 1, 3, 9, 27, 81……로 앞 삼각형 수의 3배가 되는 규칙을 가지고 있습니다.

시어핀스키 삼각형

프랙탈 나무

매월 하나의 가지에 두 개의 새로운 가지가 더 생기는 나무가 있습니다. |월에 가지가 하나인 나무를 심었다고 할 때, 6월에는 이 나무의 가지가 모두 몇 개가 되는지 알아봅시다.

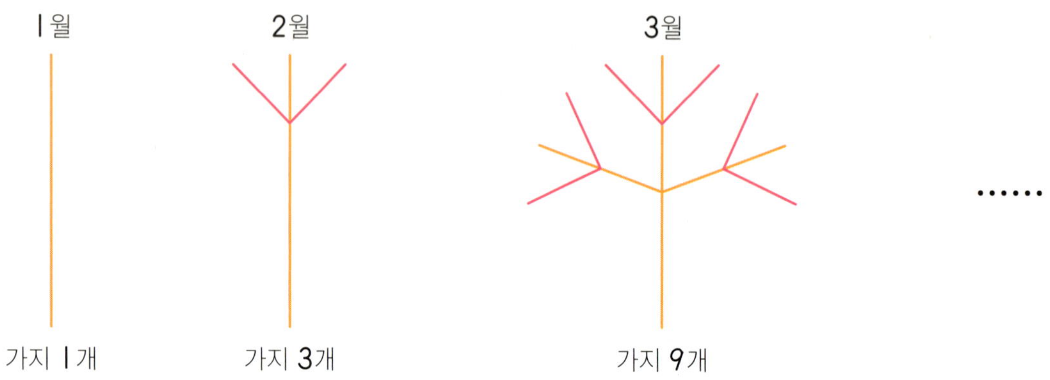

❶ 4월의 나무 모양을 그려 보시오. 가지는 모두 몇 개입니까?

이 나무를 프랙탈 나무라고 하지. 프랙탈은 부분의 모양이 전체의 모양과 닮아 있는 도형을 말해.

❷ 나뭇가지의 수를 나타낸 표의 빈칸에 알맞은 수를 쓰고, ☐ 안에 알맞은 수를 써넣으시오.

월	|월	2월	3월	4월	……
나뭇가지의 수			3	9		……

×☐ ×☐ ×☐

❸ 6월이 되었을 때 이 나무의 가지는 모두 몇 개가 됩니까?

1 다음은 일정한 규칙으로 색종이를 잘라낸 것입니다. 5번째 모양의 정사각형은 모두 몇 개입니까?

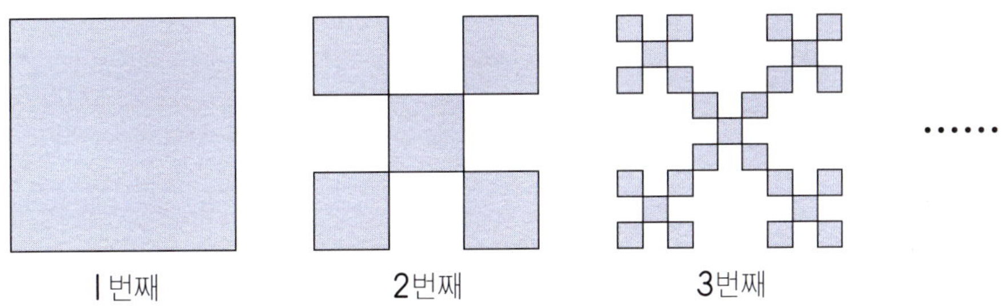

1번째 모양의 정사각형은 1개, 2번째 모양의 정사각형은 5개, 3번째 모양의 정사각형은 $5 \times 5 = 25$(개)

2 일정한 규칙으로 원 안에 작은 원 2개를 계속하여 그려 나갑니다. 6번째 그림에서 모두 몇 개의 원을 찾을 수 있습니까?

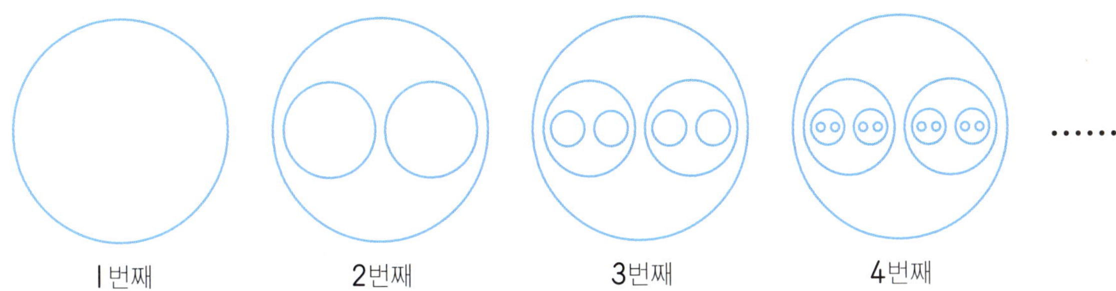

칸토어의 먼지

다음과 같은 규칙에 따라 선분을 그립니다. 0단계 선분의 길이가 81cm라고 할 때 4단계에 있는 선분의 길이의 합을 구해 봅시다.

> ① 선분을 하나 그립니다.
> ② 선분을 삼등분 하여 가운데 부분을 없앱니다.
> ③ 남은 선분을 각각 삼등분 하여 가운데 부분을 없앱니다.
> ④ 같은 방법으로 반복합니다.

0단계
1단계
2단계
3단계
4단계

❶ 3단계까지 선분의 길이의 합을 구하고, 구한 방법을 식으로 나타내시오.

단계	0단계	1단계	2단계	3단계
길이의 합	81cm	54cm		
구하는 식	81	81÷3×2		

❷ 규칙을 찾아 4단계에 있는 선분의 길이의 합을 구하시오.

1 다음 시어핀스키 삼각형에서 색칠된 삼각형의 둘레의 합을 구하시오.

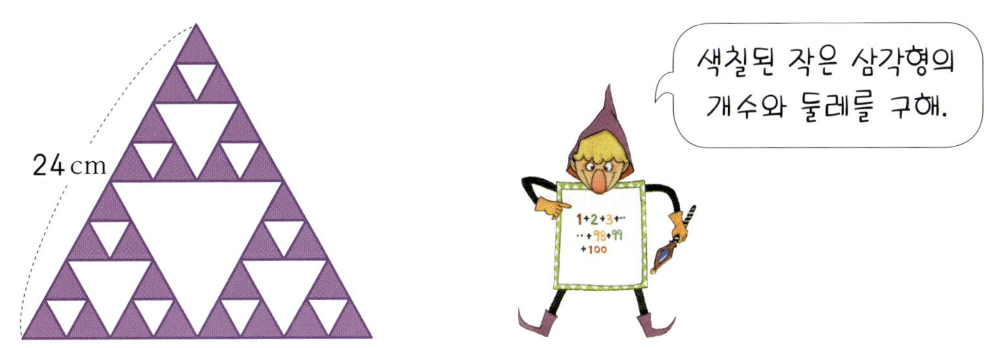

2 다음은 스웨덴의 수학자 코흐가 만든 코흐의 눈송이입니다. 1단계 도형의 둘레가 81 cm일 때 4단계 도형의 둘레를 구하시오.

11 피보나치 수열

아이들이 미생물의 번식에 대해 설명하고 있습니다.

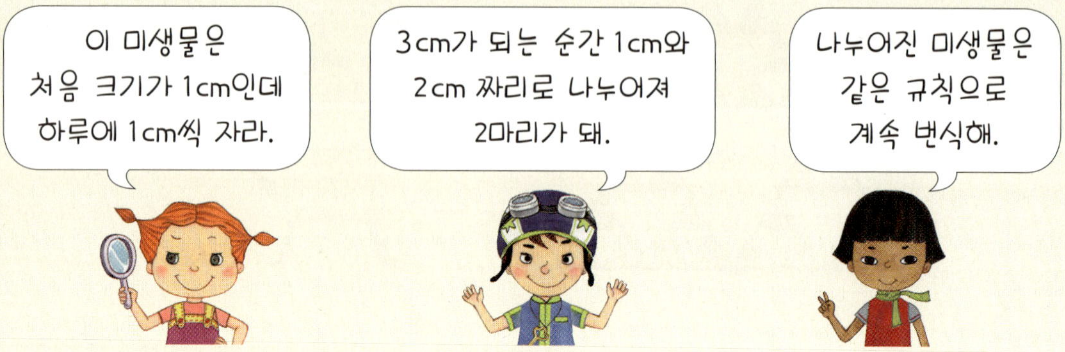

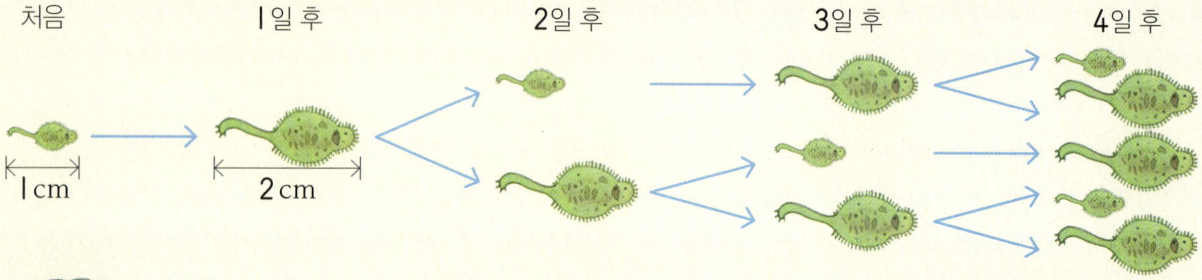

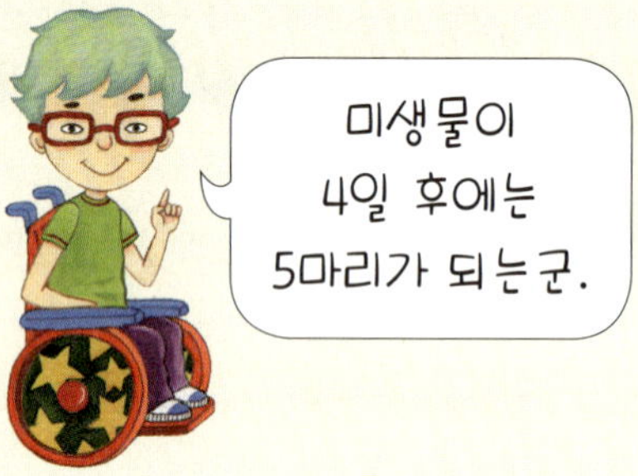

날수	처음	1일 후	2일 후	3일 후	4일 후
미생물 수	1마리	1마리	2마리	3마리	5마리

미생물이 같은 빠르기로 번식한다고 할 때, 5일 후와 6일 후의 미생물의 수를 차례로 쓰시오.

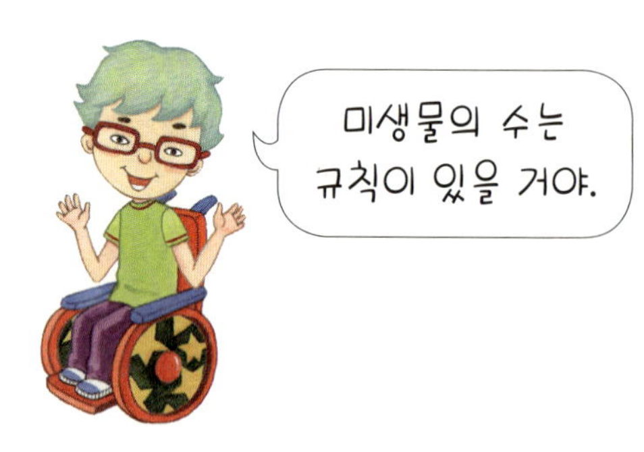

다음 두 수열은 앞 두 수의 합이 그 다음 수가 되는 규칙입니다. 빈칸에 알맞은 수를 써넣으시오.

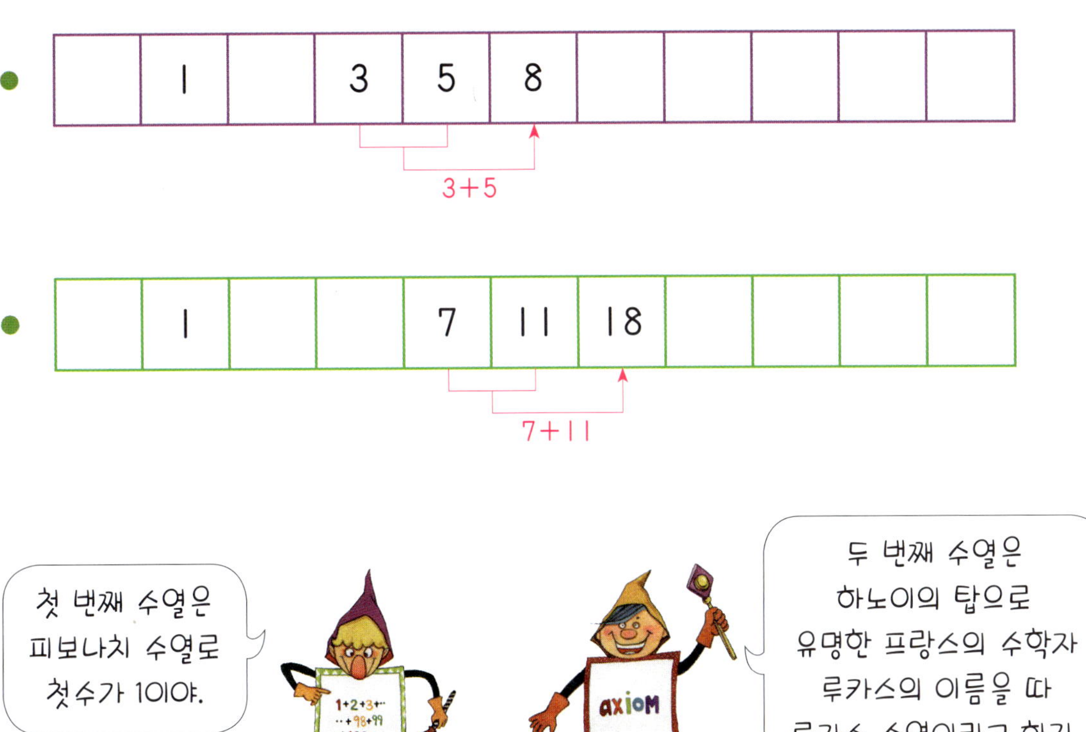

첫 수가 I이고 앞의 두 수를 더하면 그 다음 수가 되는 수열을 피보나치 수열이라고 합니다.

$$1, 1, 2, 3, 5, 8, 13, 21, 34, 55, 89 \cdots\cdots$$

이 수열은 중세 이탈리아의 수학자 피보나치가 쓴 책 「산반서」에 처음 소개되었는데 그의 이름을 따서 피보나치 수열이라고 부릅니다.
피보나치 수열을 이용하여 미생물의 번식, 방 통과하기, 사다리 오르기, 징검다리 문제 등을 쉽게 해결할 수 있습니다.

피보나치 수열의 규칙

다음은 피보나치 수열입니다. 이 수열 안에 있는 여러 가지 규칙을 찾아봅시다.

$$1, 1, 2, 3, 5, 8, 13, 21, 34, 55, 89, 144 \cdots\cdots$$

1 다음 표의 빈칸에 짝수이면 '짝', 홀수이면 '홀'을 써넣으시오. 이 수열의 **20**번째 수는 홀수입니까? 짝수입니까?

①	②	③	④	⑤	⑥	⑦	⑧	⑨	⑩	⑪	⑫
1	1	2	3	5	8	13	21	34	55	89	144
홀	홀	짝	홀								

2 다음은 피보나치 수열의 연속하는 홀수 번째 수의 합을 구한 것입니다. 더한 수에 모두 ◯표 하고 계산 결과에 색칠하시오.

$1=1$	① 1 2 3 5 8 13 21
$1+2=3$	① 1 ② 3 5 8 13 21
$1+2+5=8$	1 1 2 3 5 8 13 21
$1+2+5+13=21$	1 1 2 3 5 8 13 21

3 다음 피보나치 수열에서 ◯표시된 수의 합을 색칠하여 나타내시오.

⟨①⟩ 1 ②3 5 8 ⟨13⟩ 21 ⟨34⟩ 55 ⟨89⟩ 144

1 다음 피보나치 수열에서 30번째 수는 짝수입니까? 홀수입니까?

$$1, 1, 2, 3, 5, 8, 13 \cdots\cdots$$

2 다음은 피보나치 수열의 짝수 번째 수의 합을 차례로 구한 것입니다. ☐ 안에 알맞은 수를 써넣으시오.

$$1 \; (1) \; 2 \; (3) \; 5 \; (8) \; 13 \; (21) \; 34 \; (55) \; 89 \; (144) \; 233 \cdots\cdots$$

$$1 = 1$$
$$1 + 3 = 4$$
$$1 + 3 + 8 = 12$$
$$1 + 3 + 8 + 21 = 33$$
$$1 + 3 + 8 + 21 + 55 = \boxed{}$$
$$1 + 3 + 8 + 21 + 55 + 144 = \boxed{}$$

피보나치 수열의 활용

벌집 모양의 방을 지나갈 때 번호가 작은 방에서 번호가 큰 방으로만 갈 수 있습니다. ⓪번 방에서 ⑦번 방으로 갈 수 있는 방법은 모두 몇 가지인지 알아봅시다.

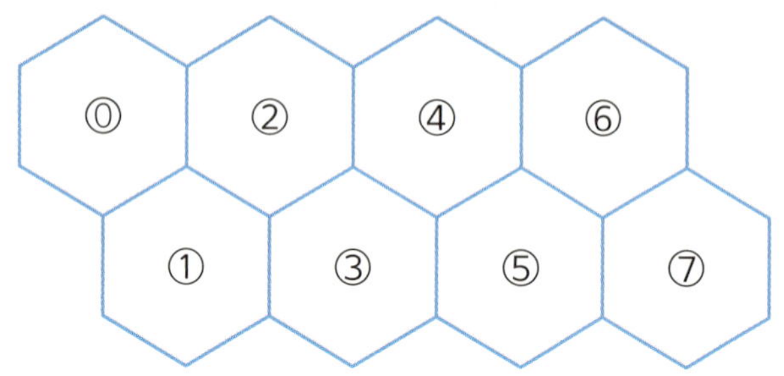

❶ ⓪번 방에서 ①번 방으로 갈 수 있는 방법은 1가지, ⓪번 방에서 ②번 방으로 갈 수 있는 방법은 2가지입니다. ⓪번 방에서 ③번 방으로 갈 수 있는 방법은 모두 몇 가지입니까?

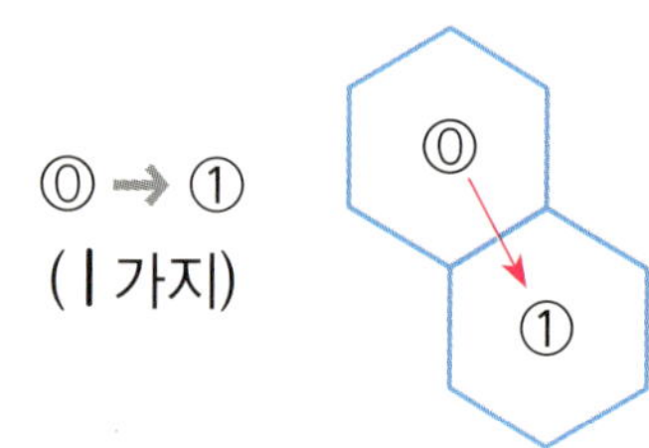

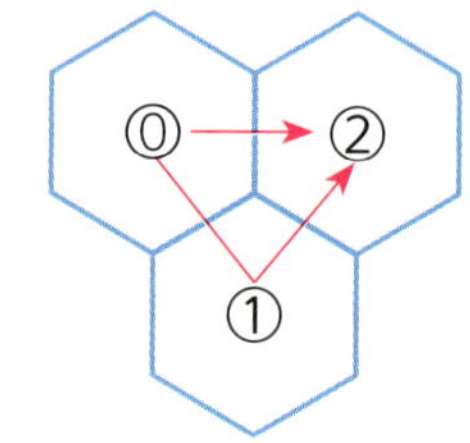

❷ ⓪번 방에서 ④번 방으로 갈 수 있는 방법은 5가지입니다. 가능한 방법을 모두 쓰시오.

> ⓪ → ① → ② → ③ → ④, ⓪ → ① → ③ → ④

❸ ⓪번 방에서 각 방으로 갈 수 있는 방법의 가짓수의 규칙을 찾아 다음 표를 완성하시오. ⓪번 방에서 ⑦번 방으로 갈 수 있는 방법은 모두 몇 가지입니까?

도착하는 방 번호	①	②	③	④	⑤	⑥	⑦
가짓수	1	2					

1 사다리를 올라갈 때 한 번에 1칸 또는 2칸을 올라갈 수 있습니다. 8칸짜리 사다리를 올라갈 수 있는 방법은 모두 몇 가지입니까?

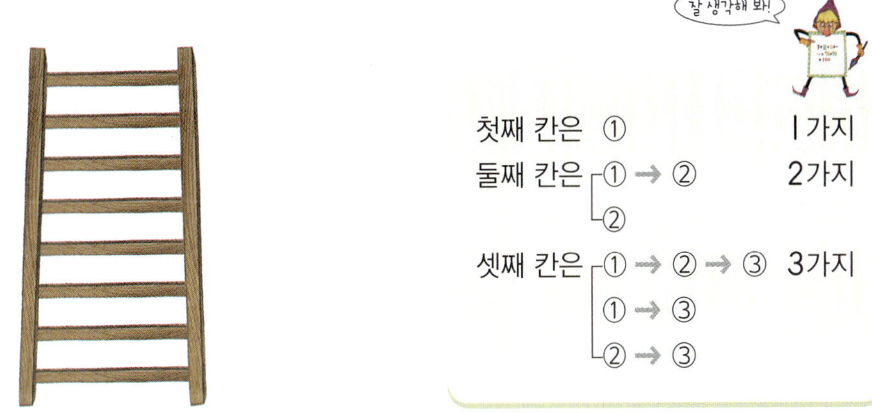

2 다음과 같은 징검다리가 있습니다. 다리 번호 순서대로 한 번에 한 칸 또는 두 칸을 뛰어갈 수 있다고 할 때 강을 건널 수 있는 방법은 모두 몇 가지입니까?

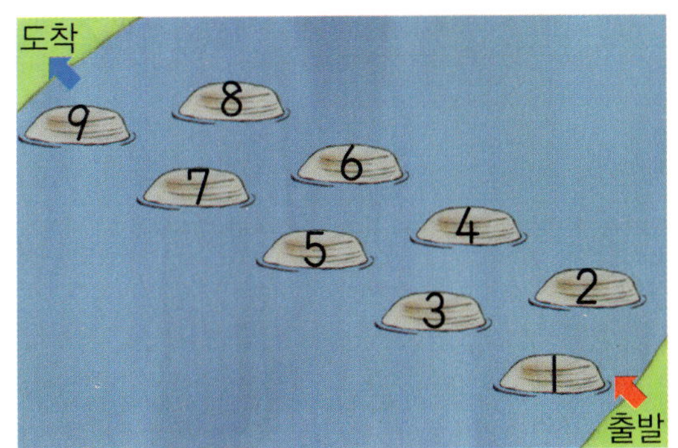

12 파스칼의 삼각형

'인간은 생각하는 갈대'라는 말로 유명한 철학자 파스칼은 1623년 프랑스의 호베르뉴 지방에서 태어났습니다. 어려서부터 매우 허약한 탓에 학교를 가지 못하고 집에서 아버지의 교육을 받고 자라면서 수학에 비상한 재능을 보였습니다.

파스칼

파스칼은 확률론, 수론, 기하학에 걸쳐서 다양한 수학 방면에 공헌을 하지만 39세의 젊은 나이로 일찍 생애를 마칩니다. 만약 그가 건강한 신체를 가진 사람이었다면 수학사에 가장 위대한 인물이 되었을지도 모릅니다.

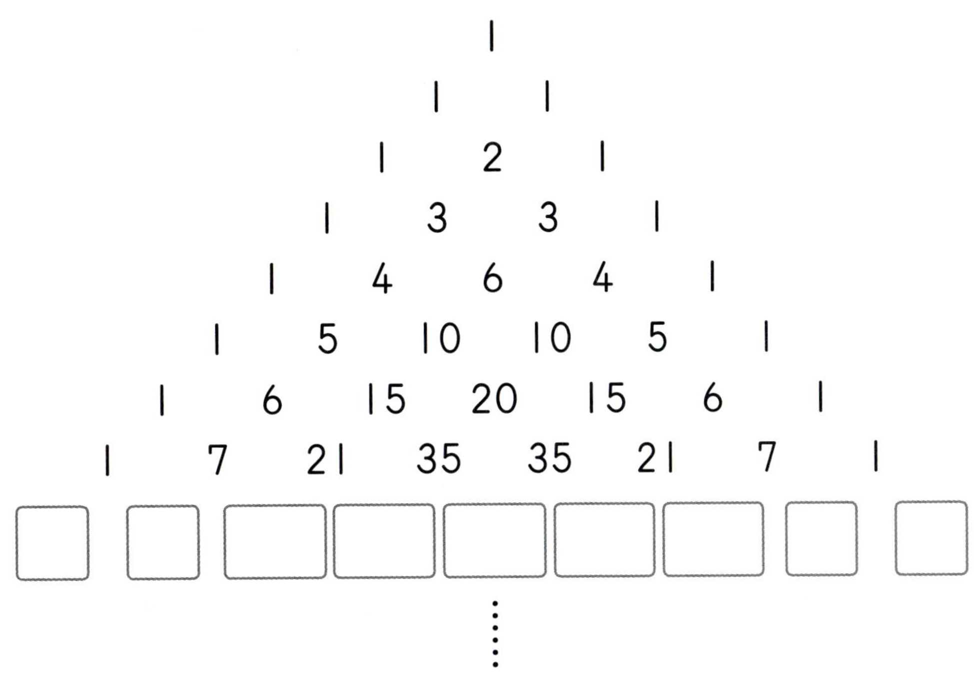

노크 포인트

다음과 같은 삼각형 모양의 수 배열을 **파스칼의 삼각형**이라고 합니다. 파스칼의 삼각형에서 여러 가지 규칙을 찾을 수 있습니다.

[규칙] • 각 행의 처음과 끝은 항상 1입니다.
　　　 • 그 사이의 수는 바로 위 두 수의 합입니다.

파스칼의 삼각형

모양을 변형시킨 파스칼의 삼각형입니다. 10행에 쓰인 수의 합을 구해 봅시다.

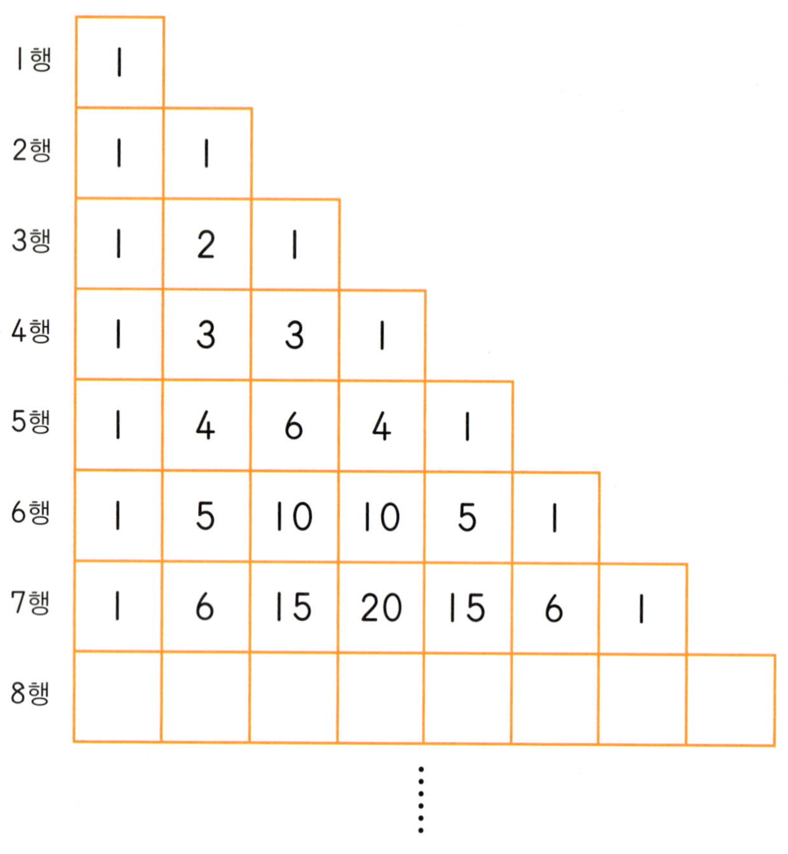

1행	1
2행	1	1
3행	1	2	1
4행	1	3	3	1
5행	1	4	6	4	1
6행	1	5	10	10	5	1
7행	1	6	15	20	15	6	1
8행								

❶ 규칙에 맞게 8행의 빈칸에 알맞은 수를 써넣으시오.

❷ 각 행에 쓰인 수의 합을 빈칸에 써넣고, 규칙을 찾아보시오.

1행	2행	3행	4행	5행	6행	……
1	2	4				……

규칙:

❸ ❷에서 찾은 규칙을 이용하여 10행에 쓰인 수의 합을 구하시오.

1 모양을 변형시킨 파스칼의 삼각형에 비스듬히 선을 그은 다음 위에서부터 순서대로 번호를 매겼습니다. ⑩번 선이 만나는 칸의 수의 합을 구해 보시오.

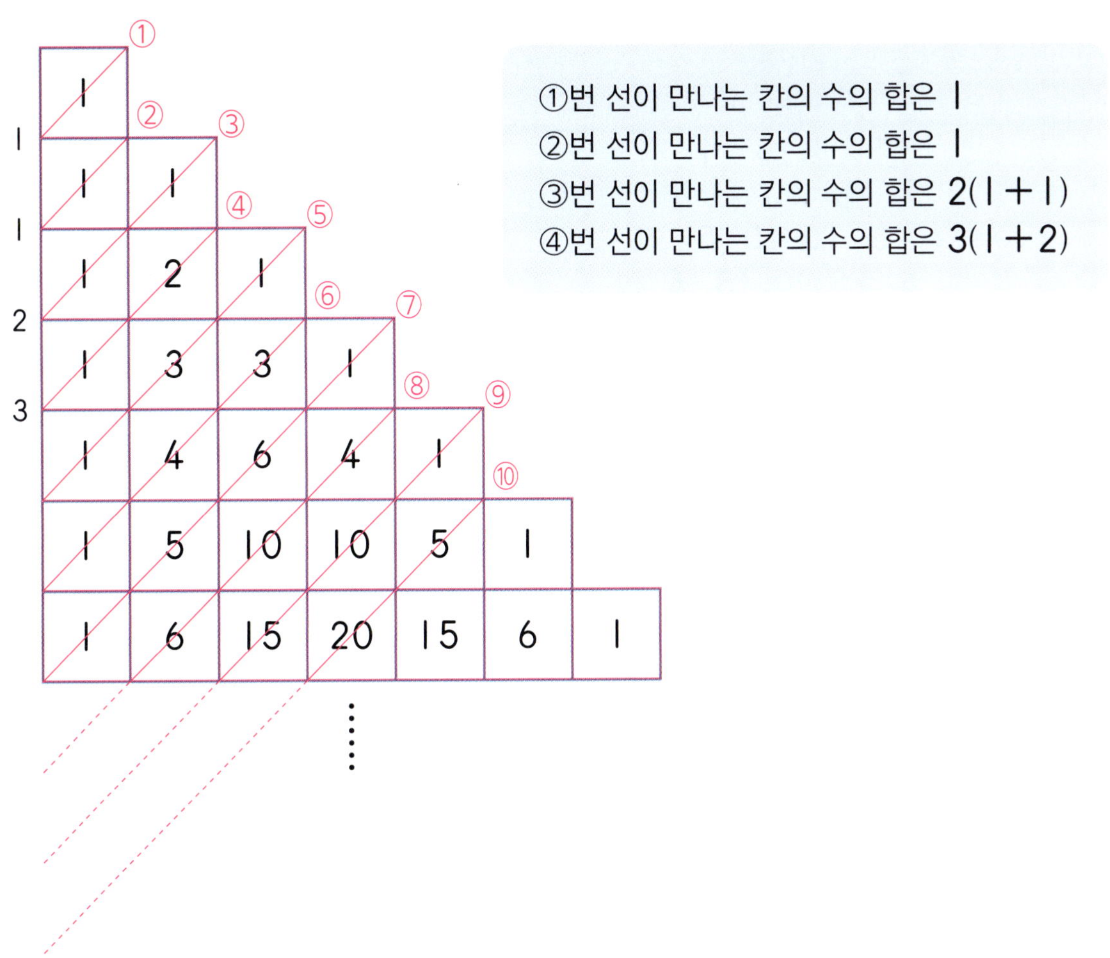

13살의 어린 파스칼이 발견한 여러 가지 규칙을 알아봅시다.

1

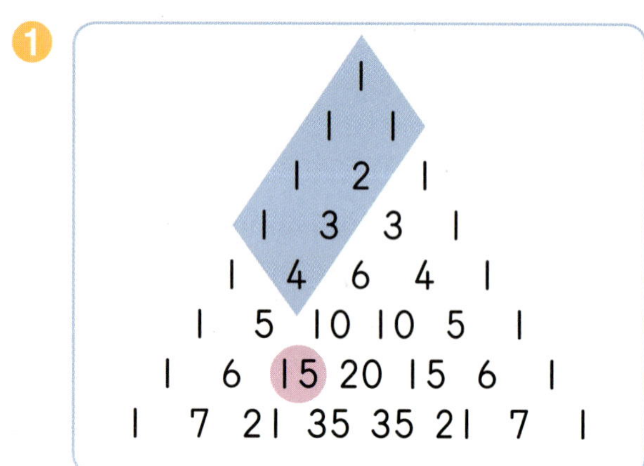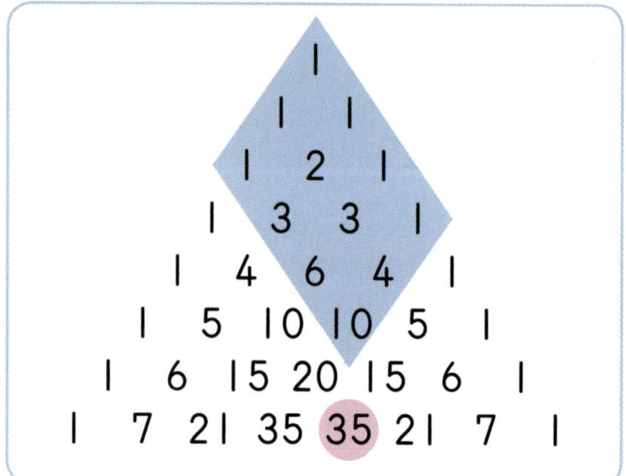

평행사변형 안의 수의 합은 ◆ , ● 안의 수는 ● 라 하여 규칙을 다음과 같이 나타내었습니다. □ 안에 알맞은 수를 써넣으시오.

평행사변형 규칙은 항상 맨 위의 1에서 시작해야 해.

2

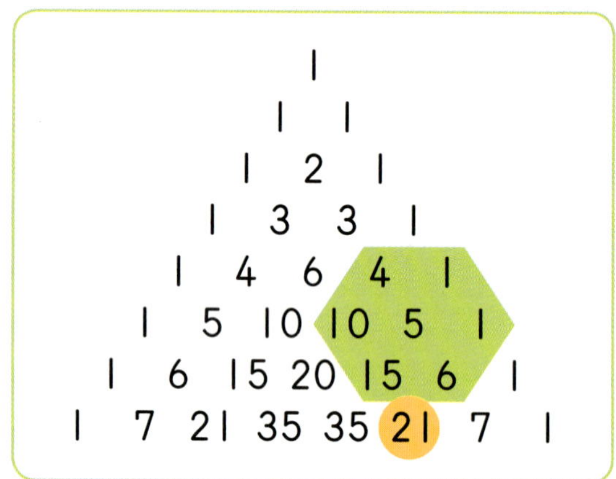

육각형 안의 수의 합은 ⬡ , ● 안의 수는 ● 라 하여 규칙을 식으로 나타내시오.

1 다음 색칠한 모양에서 찾을 수 있는 규칙을 하키 스틱 규칙이라고 합니다.

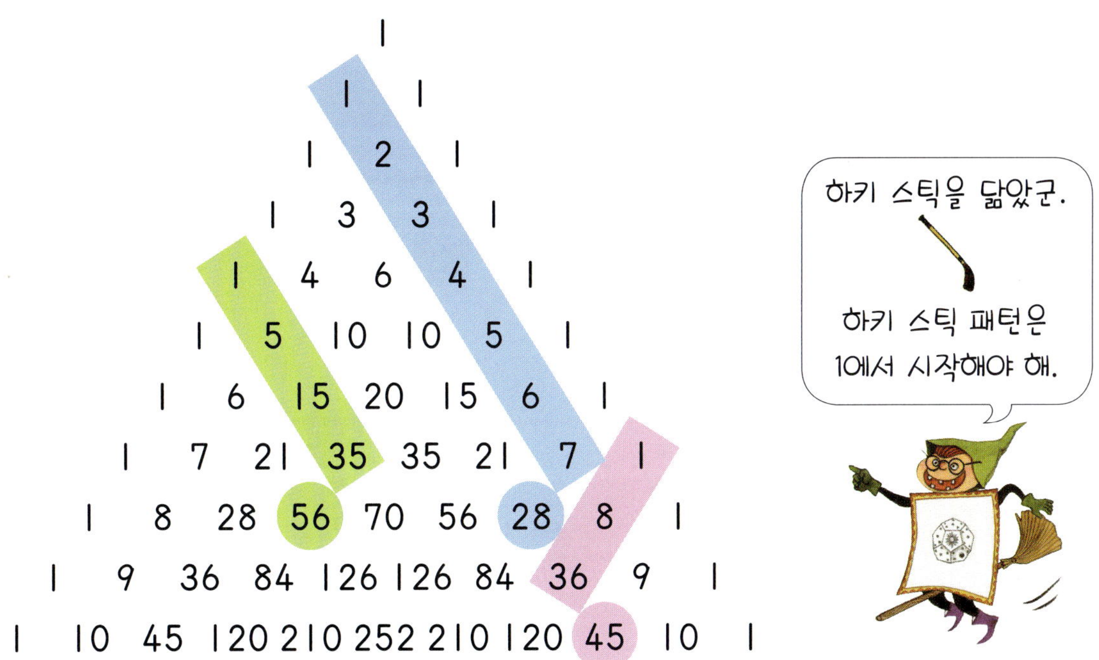

❶ 직사각형 안의 수의 합은 ▰, 원 안의 수는 ●라 하여 규칙을 식으로 나타내시오.

❷ 하키 스틱 규칙을 이용하여 다음 수열의 합을 구하시오.

> 1, 2, 3, 4, 5, 6, 7, 8, 9

> 1, 3, 6, 10, 15, 21, 28, 36

창의적 문제해결력

1 다음과 같이 규칙에 따라 작은 정사각형을 색칠해 나갑니다. 6단계에서 색칠한 작은 정사각형의 개수를 구하시오.

1단계   2단계   3단계   4단계

2 다음은 일정한 규칙에 따라 도형을 그린 것입니다. 6단계에서 파란색 삼각형은 노란색 삼각형보다 몇 개 더 많습니까?

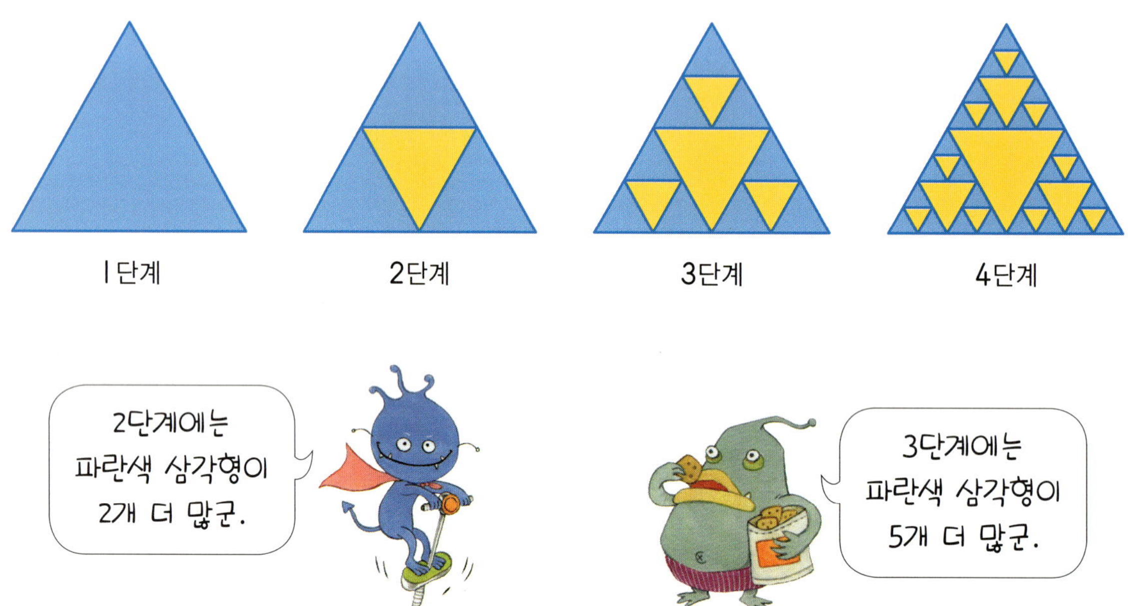

1단계   2단계   3단계   4단계

3 다음은 파스칼의 삼각형입니다. 색칠한 삼각형 안의 수의 합을 구하시오.

4 계단을 오르는데 한 번에 한 계단 또는 두 계단을 오를 수 있습니다. I0번째 계단까지 올라가는 방법은 모두 몇 가지입니까?

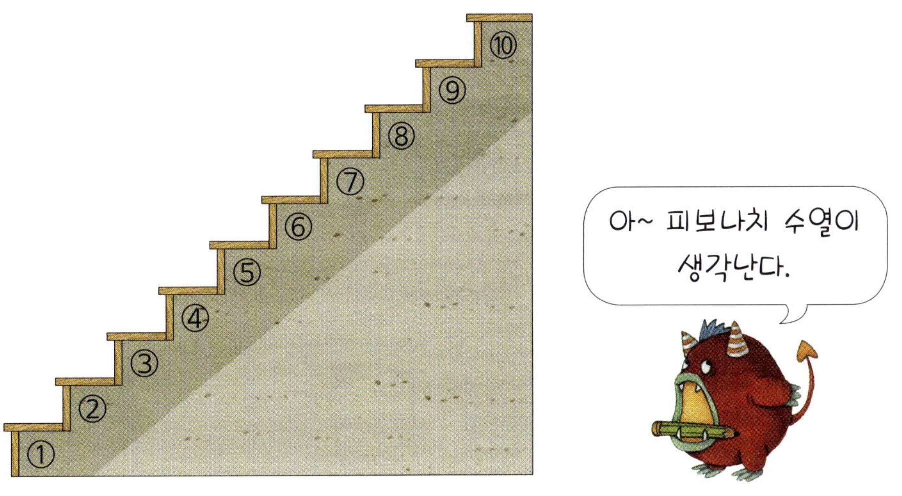

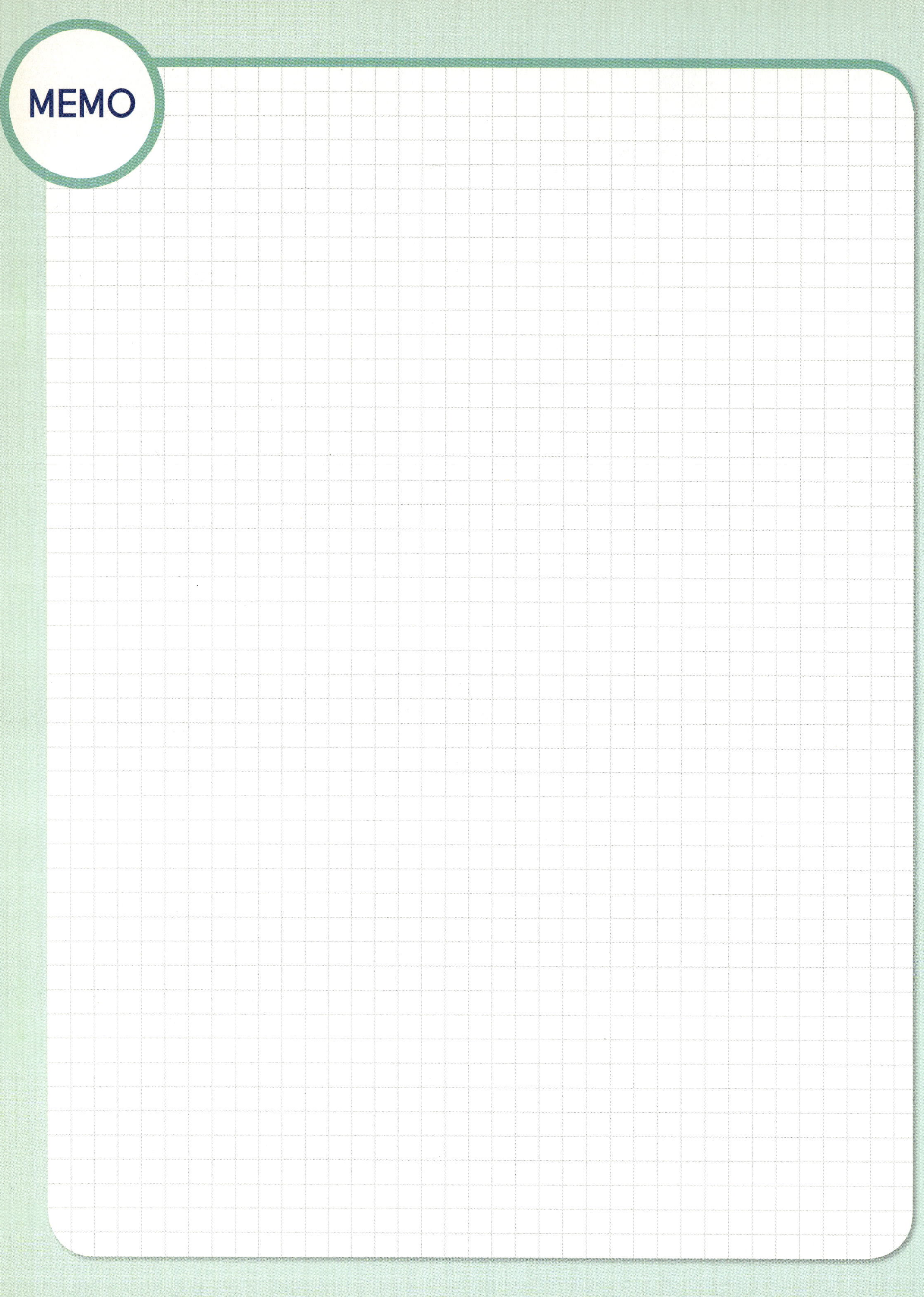
MEMO

정답및 해설

규칙

D6
(11~12세)

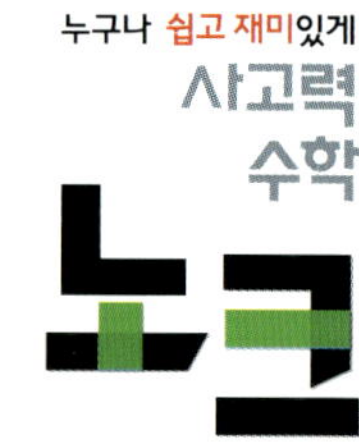

누구나 쉽고 재미있게
사고력
수학
노크

정답 및 해설

규칙

D6
(11~12세)

천재교육

누구나 쉽고 재미있게
사고력 수학
노크

매일 마시는 스마트 교과서
milk T
천재교육이 만든 초등 전과목 스마트 학습

성적향상 공부 자신감
학습 응용력 공부 흥미
전과목 학습능력

정답 및 해설

D6
(11~12세)

규칙

패턴과 수열

① 이중 패턴

꼬마 요괴 여섯 중에 다섯이 나란히 서 있습니다.

다음 중에 여섯 번째 꼬마 요괴가 있습니다. 규칙을 찾아 알맞은 요괴에 ◯표 하시오.

이름의 글자 수가 3, 2, 3, 2, 3이므로 3, 2가 반복되는 규칙입니다.

규칙에 맞게 다섯 번째 모양을 완성하시오.

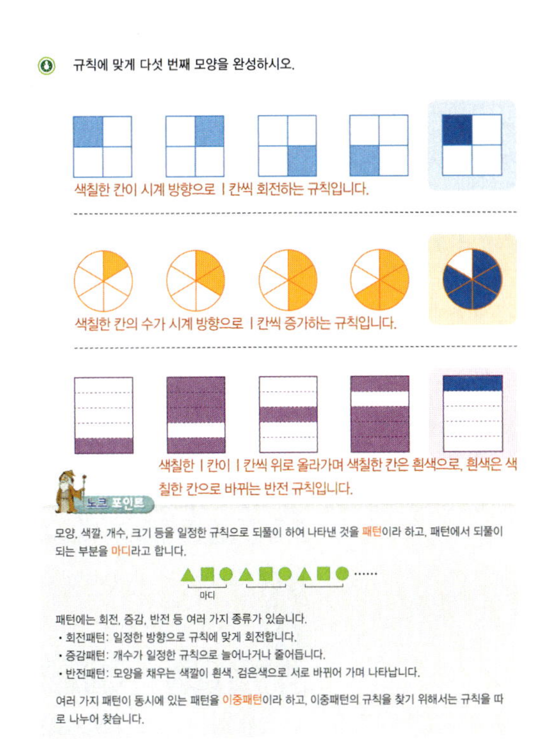

색칠한 칸이 시계 방향으로 1칸씩 회전하는 규칙입니다.

색칠한 칸의 수가 시계 방향으로 1칸씩 증가하는 규칙입니다.

색칠한 1칸이 1칸씩 위로 올라가며 색칠한 칸은 흰색으로, 흰색은 색칠한 칸으로 바뀌는 반전 규칙입니다.

노크 포인트

모양, 색깔, 개수, 크기 등을 일정한 규칙으로 되풀이하여 나타낸 것을 **패턴**이라 하고, 패턴에서 되풀이되는 부분을 **마디**라고 합니다.

패턴에는 회전, 증감, 반전 등 여러 가지 종류가 있습니다.
- 회전패턴: 일정한 방향으로 규칙에 맞게 회전합니다.
- 증감패턴: 개수가 일정한 규칙으로 늘어나거나 줄어듭니다.
- 반전패턴: 모양을 채우는 색깔이 흰색, 검은색으로 서로 바뀌어 가며 나타납니다.

여러 가지 패턴이 동시에 있는 패턴을 **이중패턴**이라 하고, 이중패턴의 규칙을 찾기 위해서는 규칙을 따로 나누어 찾습니다.

 여러 가지 패턴

규칙을 찾아 다섯 번째 모양을 완성하여 봅시다.

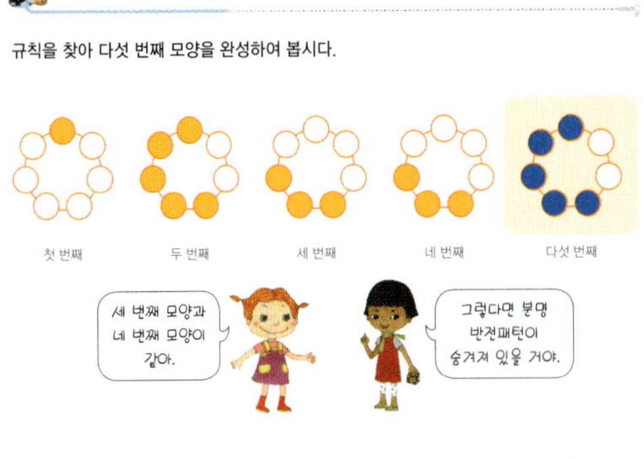

❶ ◯ 안에 번호를 매기고 색칠한 칸과 색칠하지 않은 칸의 번호를 쓴 것입니다.

구분	첫 번째	두 번째	세 번째	네 번째
색칠한 칸	①	④⑤⑥⑦①	④⑤⑥	④⑤⑥
색칠하지 않은 칸	②③④⑤⑥⑦	②③	⑦①②③	⑦①②③

규칙을 찾아 다섯 번째 칸의 색칠한 칸과 색칠하지 않은 칸의 번호를 쓰시오.

색칠한 칸	④⑤⑥⑦①
색칠하지 않은 칸	②③

분홍색 칸 안의 번호의 개수가 ①번부터 순서대로 1개씩 늘어납니다.

위의 표에서 분홍색으로 색칠한 칸을 보면 규칙을 쉽게 알 수 있어.

❷ 다섯 번째 모양을 완성하시오.

[회전 이중패턴]

1 규칙에 맞게 다섯 번째 모양에 ■과 ●을 그리시오.

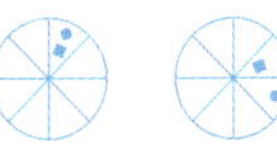 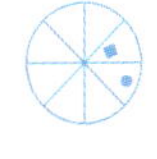  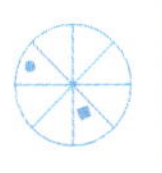 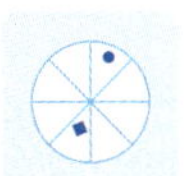

■은 시계 방향으로 1칸씩 회전하고, ●은 시계 방향으로 2칸씩 회전하는 규칙입니다.

[패턴 완성하기]

2 규칙에 맞게 다섯 번째 모양에서 검은색 바둑돌을 색칠하여 나타내시오.

    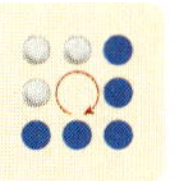

●: 1개　　○: 2개　　●: 3개　　○: 4개　　●: 5개

삼중패턴

14 · 15

규칙에 따라 10번째까지 그린 모양을 보고, 20번째에 나올 모양을 그려 봅시다.

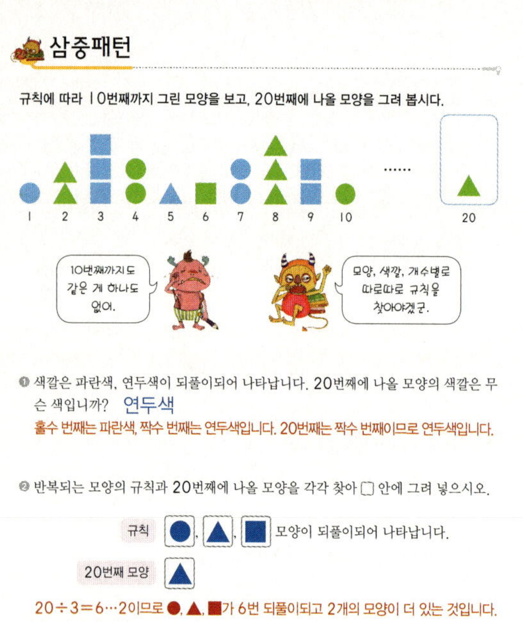

❶ 색깔은 파란색, 연두색이 되풀이되어 나타납니다. 20번째에 나올 모양의 색깔은 무슨 색입니까?　**연두색**
　홀수 번째는 파란색, 짝수 번째는 연두색입니다. 20번째는 짝수 번째이므로 연두색입니다.

❷ 반복되는 모양의 규칙과 20번째에 나올 모양을 각각 찾아 ☐ 안에 그려 넣으시오.

　규칙　●, ▲, ■ 모양이 되풀이되어 나타납니다.

　20번째 모양　▲

　20÷3=6…2이므로 ●, ▲, ■가 6번 되풀이되고 2개의 모양이 더 있는 것입니다. 따라서 ▲ 모양입니다.

❸ 개수의 규칙을 찾아 20번째에 나올 모양의 개수를 구하시오.　**1개**
　모양의 개수가 1, 2, 3, 2, 1로 반복되는 패턴입니다.

❹ 20번째에 나올 모양을 그리시오.

[이중패턴]

1 다음과 같이 규칙적으로 모양을 그릴 때 20번째 모양을 그리시오. ▲

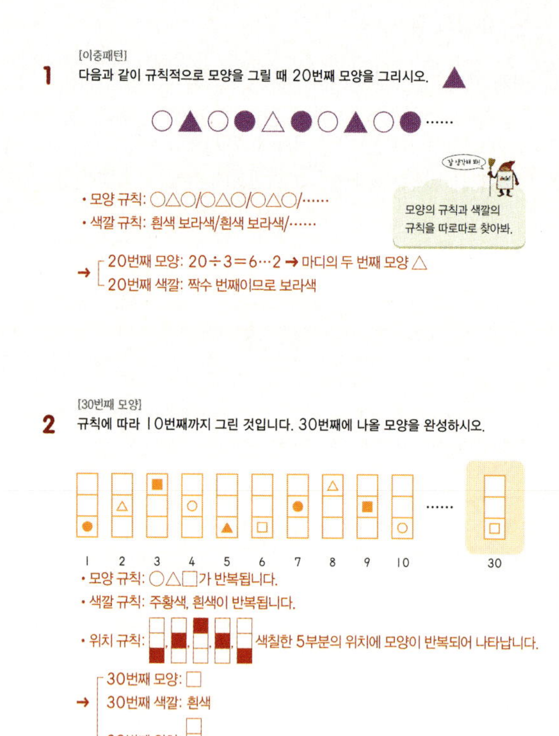

• 모양 규칙: ○△○/○△○/○△○/……
• 색깔 규칙: 흰색 보라색/흰색 보라색/……

→ 20번째 모양: 20÷3=6…2 → 마디의 두 번째 모양 △
　20번째 색깔: 짝수 번째이므로 보라색

[30번째 모양]

2 규칙에 따라 10번째까지 그린 것입니다. 30번째에 나올 모양을 완성하시오.

• 모양 규칙: ○△☐가 반복됩니다.
• 색깔 규칙: 주황색, 흰색이 반복됩니다.
• 위치 규칙: 색칠한 5부분의 위치에 모양이 반복되어 나타납니다.

→ 30번째 모양: ☐
　30번째 색깔: 흰색
　30번째 위치:

---

② 수열

16 · 17

 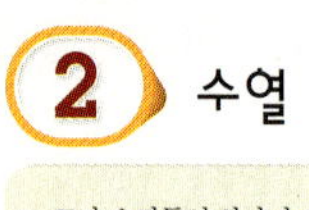

꼬마 요괴들이 사다리 게임을 합니다. 사다리를 1칸씩 올라갈 때마다 규칙에 따라 수가 나오고, 10번째 칸에서 더 큰 수가 나오면 이기는 게임입니다.

규칙을 찾아 빈 곳에 알맞은 수를 쓰고, 10번째 칸에서 더 큰 수가 나오는 요괴의 이름을 쓰시오.　**잘난척 요괴**

신만해 요괴: 100씩 커지는 규칙입니다.
잘난척 요괴: 앞 수의 2배가 되는 규칙입니다.

---

❶ 다음은 어떤 규칙에 따라 수를 늘어놓은 것입니다. ☐ 안에 알맞은 수를 써넣으시오.

• 7, 2, 4, 7, 2, 4, 7, 2, **4**, **7**……
　7, 2, 4가 반복됩니다.

• 2, 4, 6, 8, 10, 12, 14, 16, **18**, **20**……
　2씩 커집니다.

• 3, 6, 12, 24, 48, 96, 192, 384, **768**, **1536**……
　2배씩 커집니다.

노크 포인트

일정한 규칙에 따라 수를 나열해 놓은 것을 **수열**이라고 합니다.

• 같은 수가 일정하게 반복되는 수열: 5, 9, 6, 5, 9, 6, 5, 9, 6, 5, 9, 6
• 일정한 수를 더하는 수열: 1, 4, 7, 10, 13, 16, 19
　+3 +3 +3 +3 +3 +3
• 일정한 수를 곱하는 수열: 1, 2, 4, 8, 16, 32, 64
　×2 ×2 ×2 ×2 ×2 ×2
• 더하는 수가 일정하게 커지는 수열: 1, 2, 4, 7, 11, 16, 22
　+1 +2 +3 +4 +5 +6
• 앞의 두 수를 더하는 수열: 1, 2, 3, 5, 8, 13
　1+2 3+5
　1+1 2+3 5+8

정답 및 해설　**3**

🐙 수열의 규칙

다음은 어떤 규칙에 따라 수를 늘어놓은 것입니다. ☐ 안에 알맞은 수를 알아봅시다.

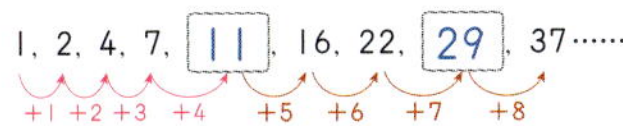

❶ ① 수열은 더하는 수가 1씩 커지는 규칙입니다. ☐ 안에 알맞은 수를 써넣으시오.

1, 2, 4, 7, 11 , 16, 22, 29 , 37……
+1 +2 +3 +4   +5 +6 +7 +8

❷ ② 수열은 앞의 두 수의 합이 다음 수가 되는 규칙입니다. ☐ 안에 알맞은 수를 써넣으시오.

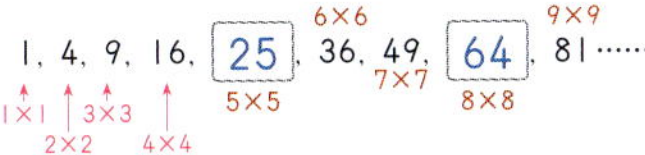
1, 1, 2, 3, 5 , 8, 13, 21 , 34……
1+1 2+3   5+8 8+13 13+21
  1+2 3+5

❸ ③ 수열은 1부터 순서대로 같은 수를 곱하는 규칙입니다. ☐ 안에 알맞은 수를 써넣으시오.

1, 4, 9, 16, 25 , 36, 49, 64 , 81……
1×1 3×3   5×5 7×7 9×9
  2×2 4×4   8×8

[5번째 수, 8번째 수]

1 수열의 규칙에 맞게 ☐ 안에 알맞은 수를 써넣으시오.

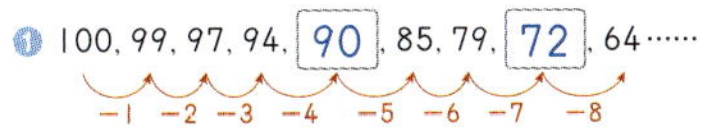
❶ 100, 99, 97, 94, 90 , 85, 79, 72 , 64……
  −1 −2 −3 −4 −5 −6 −7 −8

❷ 2, 6, 12, 20, 30 , 42, 56, 72 , 90……
  +4 +6 +8 +10 +12 +14 +16 +18

[규칙에 맞게 수열 완성하기]

2 규칙에 맞게 수를 늘어놓았습니다.

1	1	2	3	5	8	13	21	34	55

위와 같은 규칙으로 빈칸에 알맞은 수를 써넣으시오.

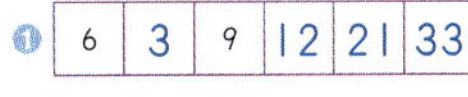
❶
6	3	9	12	21	33

❷
6	1	7	8	15	23

🦉 수열의 101번째 수

다음 수열의 101번째 수를 알아봅시다.

> 3, 7, 11, 15, 19, 23, 27……

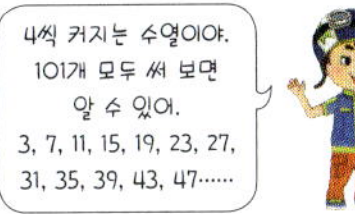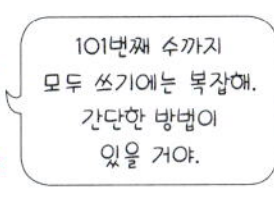

❶ 위의 수열은 앞의 수에 4씩 더하는 수열입니다. ☐번째 수를 ☐를 사용한 식으로 나타내어 보시오. $3+4\times(☐-1)$

1번째 수: 3
2번째 수: $7=3+4=3+4\times1$
3번째 수: $11=3+4+4=3+4\times2$
4번째 수: $15=3+4+4+4=3+4\times3$
5번째 수: $19=3+4+4+4+4=3+4\times4$
⋮

❷ 101번째 수는 얼마입니까? 403
$3+4\times(101-1)=3+4\times100=403$

[99번째 숫자 카드]

1 숫자 카드를 일정한 규칙에 따라 다음과 같이 늘어놓았습니다. 99번째에 놓인 숫자 카드의 수는 얼마입니까? 7

| 2 | 5 | 7 | 4 | 2 | 5 | 7 | 4 | 2 | 5 |……|

2, 5, 7, 4 네 개의 수가 반복됩니다.
$99÷4=24…3$이므로
2, 5, 7, 4 중 세 번째 수인 7이 99번째에 나옵니다.

[101번째 수]

2 다음 수열의 101번째 수를 구하시오. 304

> 4, 7, 10, 13, 16, 19, 22……

$4+3\times(101-1)=4+3\times100=304$

---

4 D6 규칙

40 41

도형 약속

어떤 약속에 따라 도형 위에 수가 놓여져 있습니다. □ 안에 알맞은 수를 구해 봅시다.

1 ⬜ 2	3 ⬜ 4	5 ⬜ 6
21	77	165
3 ⬜ 4	5 ⬜ 6	7 ⬜ 8

$(1+2)\times(3+4)$　$(3+4)\times(5+6)$　$(5+6)\times(7+8)$

❶ 가운데 수를 두 수의 곱으로 나타내어 보시오. (단, 순서가 바뀐 두 수의 곱은 같은 것으로 봅니다.)

$21=1\times21$
$=\boxed{3}\times\boxed{7}$

$165=1\times165$
$=\boxed{3}\times\boxed{55}$
$=\boxed{5}\times\boxed{33}$
$=\boxed{11}\times\boxed{15}$

❷ 꼭짓점의 수를 일정한 규칙으로 더하면 곱이 되는 두 수를 만들 수 있습니다. 규칙을 찾아 □ 안에 들어갈 수를 구하시오.

(가운데 수)=(사각형 위에 있는 두 수의 합)×(사각형 아래에 있는 두 수의 합)

[약속에 맞게 수 넣기]
1 도형의 약속에 맞게 □ 안에 알맞은 수를 써넣으시오.

❶ 마주 보는 두 수의 차가 같습니다.
$16-8=\square-7$
$\square=15$

❷ 가운데 수는 꼭짓점 세 수의 곱의 일의 자리 숫자입니다.
$8\times3\times4=96$
일의 자리 숫자: 6

[약속 찾아 수 넣기]
2 다음 그림에서 도형 수 사이의 약속을 찾아 □ 안에 알맞은 수를 써넣으시오.

❶ $7\times3-15$ → 6　$4\times5-10$ → 10　$4\times2-3$ → 5　$2\times9-9$ → 9

삼각형의 세 꼭짓점의 수 중에서 아래 두 꼭짓점의 수의 곱과 위의 꼭짓점의 수의 차가 삼각형 아래의 수가 됩니다.

❷ $6+9=12+3$　$10+15=20+5$　$8+12=9+\boxed{11}$　$\boxed{28}+2=24+6$

대각선으로 마주 보는 두 수의 합이 서로 같습니다.

---

42 43

여러 가지 연산 약속

$\begin{vmatrix} ㉠ & ㉡ \\ ㉢ & ㉣ \end{vmatrix}=(㉠\times㉣)-(㉡\times㉢)$과 같이 계산할 때, □ 안에 알맞은 수를 구해 봅시다.

$\begin{vmatrix} 6 & \boxed{6} \\ 5 & 8 \end{vmatrix}=18$

❶ 규칙에 맞게 계산하려고 합니다. □ 안에 알맞은 수를 써넣으시오.

$\begin{vmatrix} 3 & 7 \\ 2 & 5 \end{vmatrix}=\boxed{3}\times\boxed{5}-\boxed{7}\times\boxed{2}=\boxed{1}$

$\begin{vmatrix} 4 & 5 \\ 3 & 7 \end{vmatrix}=\boxed{4}\times\boxed{7}-\boxed{5}\times\boxed{3}=\boxed{13}$

❷ $\begin{vmatrix} 6 & \square \\ 5 & 8 \end{vmatrix}=18$을 □를 사용한 식으로 나타내고, 알맞게 계산하여 □ 안의 수를 구하시오. $6\times8-\square\times5=18,\ 6$

$6\times8-\square\times5=18$
$\square\times5=30$
$\square=6$

[X, Y 약속]
1 다음은 어떤 약속에 따라 수를 구한 것입니다. 다음을 구해 보시오.

$X(3,7,4)=19$　$X(5,1,6)=31$　$X(3,2,1)=5$
$Y(3,7,4)=5$　$Y(5,1,6)=29$　$Y(3,2,1)=1$

$X(5,2,4)=\boxed{22}$　$Y(7,3,4)=\boxed{25}$
$5\times4+2$　$7\times4-3$

[합과 차의 곱]
2 $㉠*㉡=(㉠+㉡)\times(㉠-㉡)$과 같이 계산할 때, □ 안에 알맞은 수를 써넣으시오.

$8*\boxed{4}=48$

$(8+\square)\times(8-\square)=48$
$(8+4)\times(8-4)$
$=12\times4$
$=48$
$\square=4$

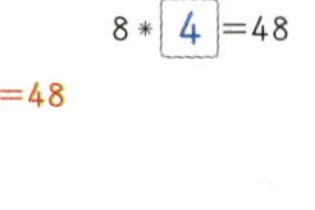

정답 및 해설　**9**

6 암호

멍하니 요괴는 자신의 마법 지팡이를 방 안 어딘가에 숨겨놓았습니다.

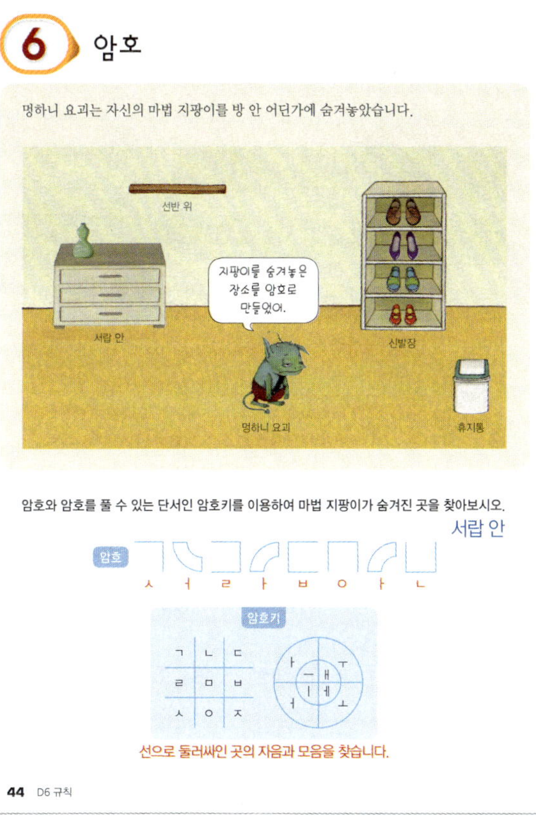

암호와 암호를 풀 수 있는 단서인 암호키를 이용하여 마법 지팡이가 숨겨진 곳을 찾아보시오.

서랍 안

암호

암호키

ㄱ	ㄴ	ㄷ
ㄹ	ㅁ	ㅂ
ㅅ	ㅇ	ㅈ

선으로 둘러싸인 곳의 자음과 모음을 찾습니다.

암호키를 이용하여 계산한 것입니다. □ 안에 알맞은 수를 써넣으시오.

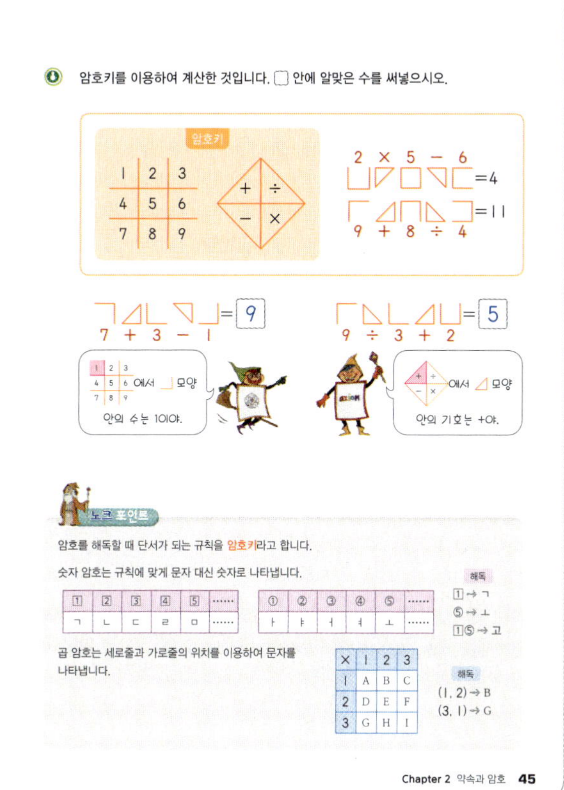

노크 포인트

암호를 해독할 때 단서가 되는 규칙을 **암호키**라고 합니다.

숫자 암호는 규칙에 맞게 문자 대신 숫자로 나타냅니다.

1	2	3	4	5	……
ㄱ	ㄴ	ㄷ	ㄹ	ㅁ	……

①	②	③	④	⑤	……
ㅏ	ㅑ	ㅓ	ㅕ	ㅗ	……

해독
1 → ㄱ
⑤ → ㅗ
1⑤ → 고

곱 암호는 세로줄과 가로줄의 위치를 이용하여 문자를 나타냅니다.

×	1	2	3
1	A	B	C
2	D	E	F
3	G	H	I

해독
(1, 2) → B
(3, 1) → G

숫자 암호

다음은 문자를 숫자로 바꾸어 나타낸 암호문입니다.

노크 → ②⑤⑪⑨　　흥미 → ⑭⑨⑧⑤⑩

암호의 규칙을 찾아내어 다음 암호를 해독하여 봅시다.

7 7 14 ① 1

❶ 다음은 '노크'를 자음과 모음 표에 나타낸 것입니다. '흥미'를 자음과 모음 표에 나타내시오.

자음	1	2	3	4	5	6	7	8	9	10	11	12	13	14
	ㄱ	ㄴ	ㄷ	ㄹ	ㅁ	ㅂ	ㅅ	ㅇ	ㅈ	ㅊ	ㅋ	ㅌ	ㅍ	ㅎ

모음	①	②	③	④	⑤	⑥	⑦	⑧	⑨	⑩
	ㅏ	ㅑ	ㅓ	ㅕ	ㅗ	ㅛ	ㅜ	ㅠ	ㅡ	ㅣ

❷ 규칙을 찾아 위의 자음과 모음 표를 완성하시오.

❸ 자음과 모음 표를 이용하여 암호를 해독하시오.　수학

7 7 14 ① 1
ㅅ ㅜ ㅎ ㅏ ㄱ

[암호로 나타내기]

1 숫자 암호를 이용하여 다음을 암호로 나타내시오.

한입 ⇒ 14 ① 2 8 10 6

[지팡이 암호 해독]

2 숫자 암호를 해독하여 누구의 지팡이인지 알아보시오.　잠만자 요괴

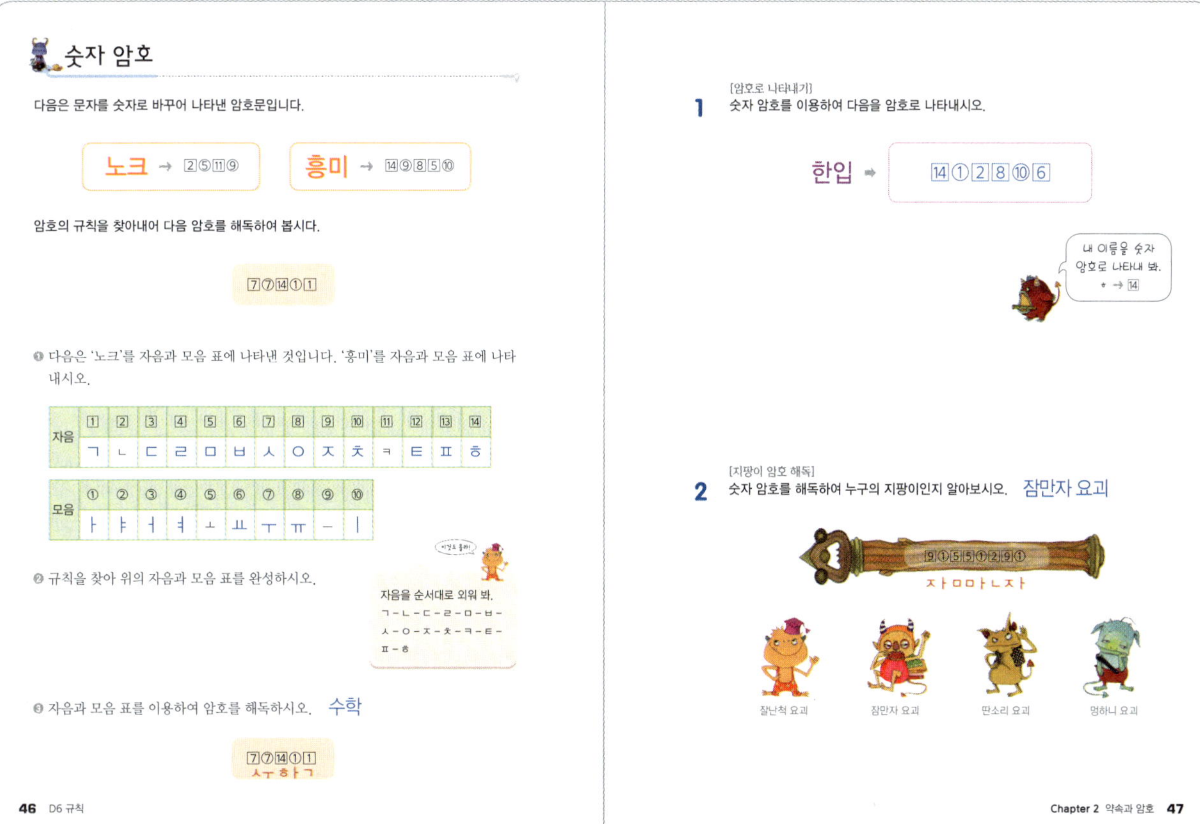

10　D6 규칙

48 / 49

🐻 곱 암호

암호키가 찢어져 일부분이 보이지 않습니다. 암호키를 복원하고 다음 암호를 해독해 봅시다.

(3, 2), (5, 1), (2, 3), (1, 4)

×	1	2	3	4	5
1	A	F	K	P	
2	B	G			
3	C				
4					
5					

❶ 규칙을 찾아 암호키를 복원하시오.

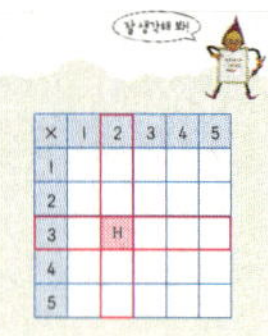

×	1	2	3	4	5
1	A	F	K	P	U
2	B	G	L	Q	V
3	C	H	M	R	W
4	D	I	N	S	X
5	E	J	O	T	Y

❷ (3, 2)는 세로로 3, 가로로 2인 칸을 나타냅니다. (3, 2)와 같은 방법으로 ❶의 암호키에 (5, 1), (2, 3), (1, 4)가 나타내는 칸을 색칠하시오.

×	1	2	3	4	5
1					
2					
3	H				
4					
5					

❸ ❷에서 색칠한 알파벳을 사용하여 암호를 해독하시오. HELP
(도와 주세요)

[암호키 완성]

1 다음은 암호를 해독한 것입니다. 암호키를 완성하시오.

(1, 1), (4, 1), (4, 1), (3, 2), (1, 5) → APPLE
사과

×	1	2	3	4	5
1	A	B	C	D	E
2	F	G	H	I	J
3	K	L	M	N	O
4	P	Q	R	S	T
5	U	V	W	X	Y

[곱 암호 해독]

2 위의 암호키를 이용하여 다음을 해독하시오. MOTHER(엄마)

(3, 3), (3, 5), (4, 5), (2, 3), (1, 5), (4, 3)
M O T H E R

---

50 / 51

🧙 창의적 문제해결력

1 다음은 어떤 약속에 맞게 수를 나타낸 것입니다. ◎ 안에 알맞은 수를 써넣으시오.

①＝1   ②＝1+3

③＝1+3+5   ⑥＝1+3+5+7+9+11

③＋④＝⑤

◎ 안의 수만큼 1에서부터 연속하는 홀수를 더하는 규칙입니다.
(1+3+5)+(1+3+5+7)=25(1+3+5+7+9)

2 ①, ② 두 가지 상자에 수를 넣으면 서로 다른 규칙에 따라 수가 나옵니다. 규칙을 찾아 ☐ 안에 알맞은 수를 써넣으시오.

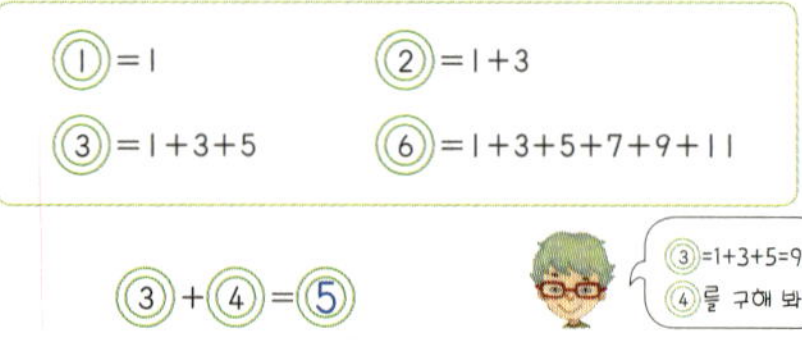

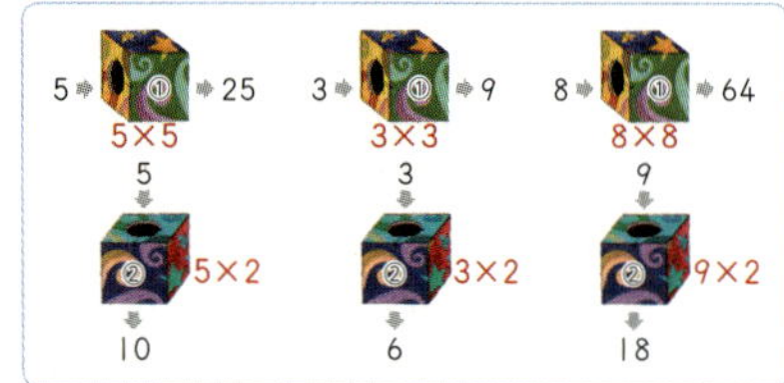

• ① 상자의 규칙: 넣은 수를 2번 곱한 수가 나옵니다.
• ② 상자의 규칙: 넣은 수를 2배한 수가 나옵니다.

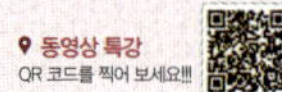

📍 동영상 특강
QR 코드를 찍어 보세요!

3 ★이 나타내는 계산 규칙을 찾아 ☐ 안에 알맞은 수를 써넣으시오.

8★5=16   7★1=14
5★3=10   3★4=8

9 ★3=18

★은 두 수의 합과 차를 더하는 규칙입니다.
(☐+3)+(☐-3)=18
☐×2=18
☐=9
또는 ★은 두 수 중 큰 수에 2배하는 규칙입니다.

4 암호를 해독한 것을 보고 규칙을 찾아 ☐ 안에 알맞게 써넣으시오.

11 15 18 05 01 → KOREA

| 03 08 09 14 01 | ⇒ | CHINA(중국) |
| C H I N A | | |

01	02	03	04	05	06	07	08	09	10	11	12	13	14	15	16	
A	B	C	D	E	F	G	H	I	J	K	L	M	N	O	P	

정답 및 해설 **11**

여러 가지 규칙

7 교점과 영역

안의 조각의 수가 되도록 정사각형에 3개의 직선을 그어 보시오.

여러 가지 답이 있습니다.

크기가 같은 정사각형 2개를 겹쳤더니 만나는 점이 2개가 되었습니다. 만나는 점의 개수가 3개, 4개, 5개가 되도록 크기가 같은 정사각형 2개를 겹쳐 그려 보시오.

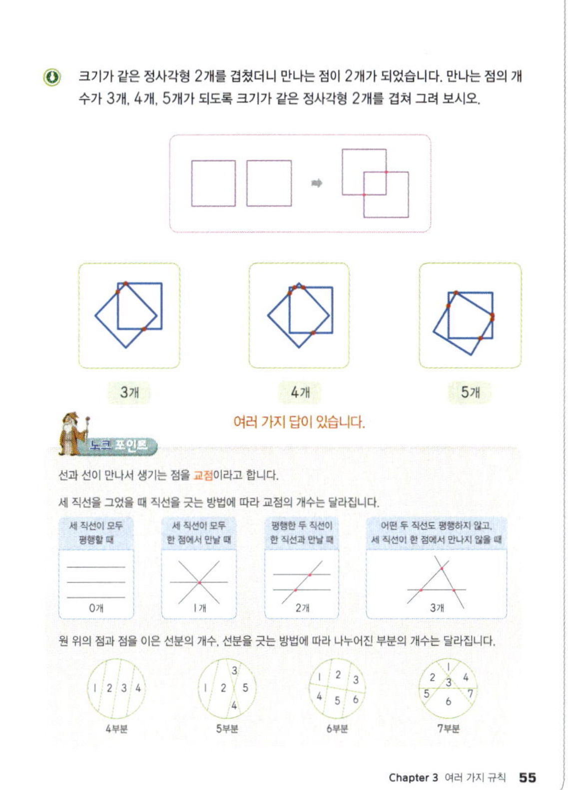

여러 가지 답이 있습니다.

노크 포인트

선과 선이 만나서 생기는 점을 교점이라고 합니다.

세 직선을 그었을 때 직선을 긋는 방법에 따라 교점의 개수는 달라집니다.

세 직선이 모두 평행할 때	세 직선이 모두 한 점에서 만날 때	평행한 두 직선이 한 직선과 만날 때	어떤 두 직선도 평행하지 않고, 세 직선이 한 점에서 만나지 않을 때
0개	1개	2개	3개

원 위의 점과 점을 이은 선분의 개수, 선분을 긋는 방법에 따라 나누어진 부분의 개수는 달라집니다.

원의 영역의 개수

원에 직선 3개를 그으면 적게는 4부분, 많게는 7부분으로 나누어집니다.

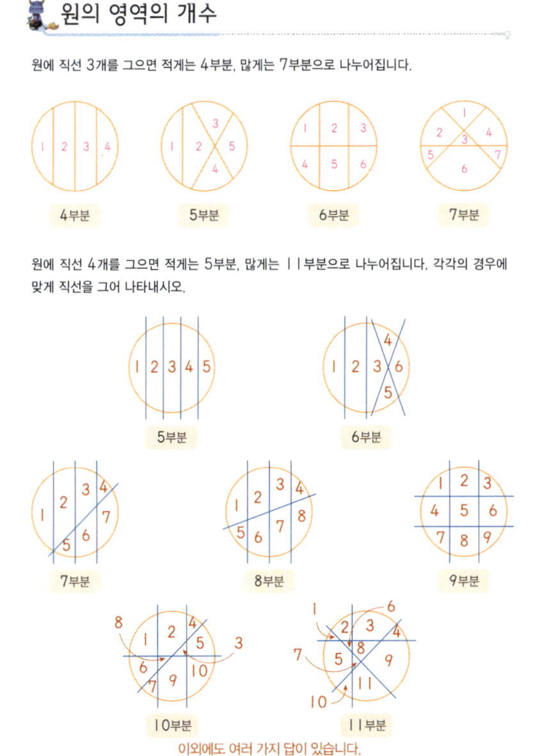

원에 직선 4개를 그으면 적게는 5부분, 많게는 11부분으로 나누어집니다. 각각의 경우에 맞게 직선을 그어 나타내시오.

이외에도 여러 가지 답이 있습니다.

[나누어진 부분의 개수]

1 원에 직선 6개를 그어 가장 많은 부분으로 나눈 것입니다. 몇 부분으로 나누어졌는지 세어 보시오. **22부분**

[가장 적게, 가장 많게 나누기]

2 원에 직선 5개를 그어 나누어진 부분이 가장 적은 경우와 가장 많은 경우를 나타내고 나누어진 부분의 개수를 □ 안에 써넣으시오.

🐛 교점의 개수의 규칙

7개의 직선을 그었을 때 생기는 교점의 최대 개수를 알아봅시다.

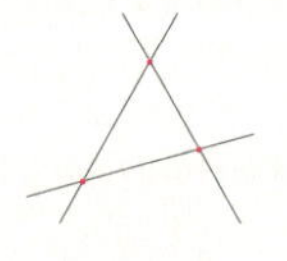
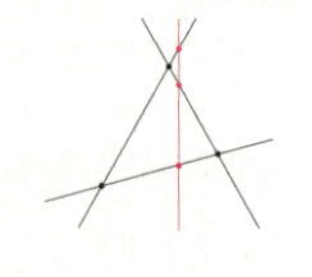
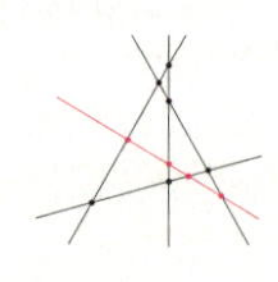

❶ 직선의 개수와 교점의 최대 개수를 표로 나타내었습니다. 다음 표를 완성하고 규칙을 찾아 쓰시오.

직선의 개수	2개	3개	4개	5개	……
교점의 최대 개수	1개	3개	6개	10개	……

규칙: <u>직선을 하나 더 그을 때마다 교점은 2, 3, 4……개씩 더 늘어납니다.</u>

❷ 규칙을 이용하여 7개의 직선을 그었을 때 생기는 교점의 최대 개수를 구하시오.

21개

1+2+3+4+5+6=21(개)

[교점의 개수]

1 여러 가지 방법으로 직선 3개를 그었습니다. 교점의 개수를 □ 안에 써넣으시오.

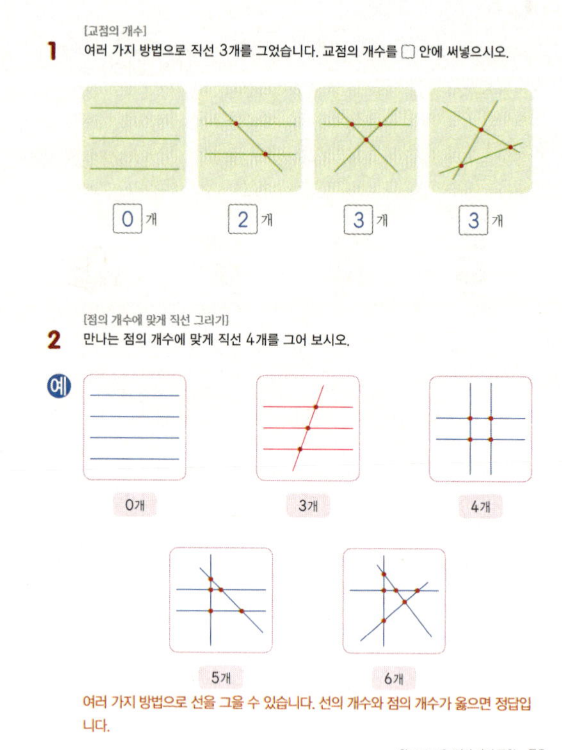

0 개   2 개   3 개   3 개

[점의 개수에 맞게 직선 그리기]

2 만나는 점의 개수에 맞게 직선 4개를 그어 보시오.

예

0개   3개   4개

5개   6개

여러 가지 방법으로 선을 그을 수 있습니다. 선의 개수와 점의 개수가 옳으면 정답입니다.

---

8 수 배열 규칙

4명의 아이들이 서로 다른 규칙으로 수를 차례대로 나열하였습니다. 빈칸에 알맞은 수를 쓰시오.

다음과 같이 2가지 방법으로 수를 차례대로 배열하였습니다. 32는 어느 행과 어느 열에 있습니까? **2행, 1열**

1행	1	6	7	12	13	……
2행	2	5	8	11	14	……
3행	3	4	9	10	15	……

1열	2열	3열	4열
1	2	3	4
8	7	6	5
9	10	11	12
16	15	14	13

$32 \div 3 = 10 \cdots 2$이므로 32는 2행의 수입니다.

1열: 1 8 9 16 17 24 25 32
(+8 +8 +8 +8 +8 +8)

따라서 32는 1열의 수입니다.

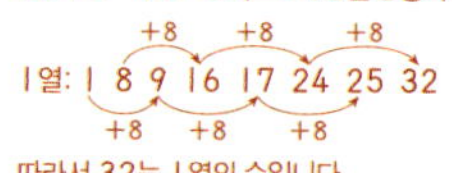

🎩 누코 포인트

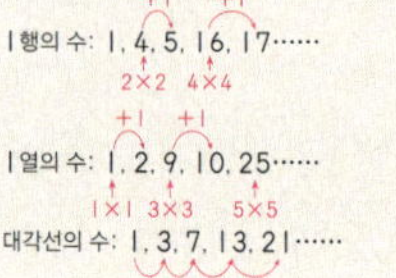

격자판에 일정한 규칙으로 수를 배열할 때 1행과 1열, 대각선의 수에서 규칙을 찾을 수 있습니다.

1행의 수: 1, 4, 5, 16, 17……
(+1 +1, 2×2 4×4)

1열의 수: 1, 2, 9, 10, 25……
(+1 +1, 1×1 3×3 5×5)

대각선의 수: 1, 3, 7, 13, 21……
(+2 +4 +6 +8)

행＼열	1	2	3	4	5	……
1	○	4	5	16	17	
2	2	○	6	15	18	
3	9	8	○	14	19	
4	10	11	12	○	20	
5	25	24	23	22	○	

정답 및 해설 **13**

손가락 수 배열

꼬마 요괴 넷이 다음과 같이 차례로 수를 세어 100을 말하는 요괴가 술래가 되기로 하였습니다. 누가 술래가 될지 알아봅시다.

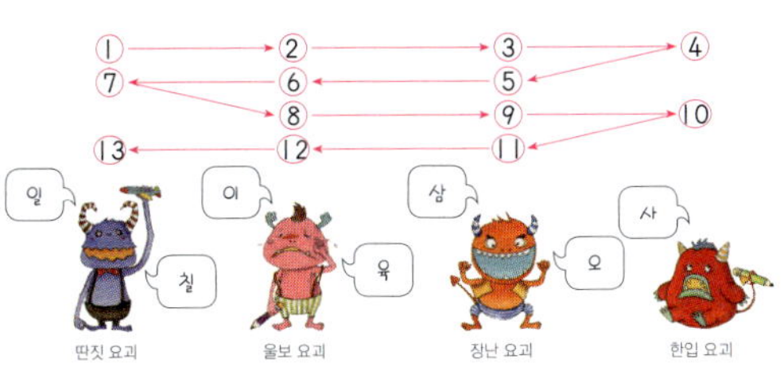

딴짓 요괴   울보 요괴   장난 요괴   한입 요괴

❶ 꼬마 요괴가 말하는 수를 1부터 12까지 순서대로 빈칸에 쓰시오.

1열	2열	3열	4열	5열	6열
딴짓 요괴	울보 요괴	장난 요괴	한입 요괴	장난 요괴	울보 요괴
1	2	3	4	5	6
7	8	9	10	11	12

❷ 100은 위의 표에서 어느 열에 있습니까? **4열**
$100 \div 6 = 16 \cdots 4$ 나머지가 4인 수는 모두 4열에 있는 수입니다.

❸ 술래의 이름을 쓰시오. **한입 요괴**

[오각형 수 배열]

1 다음과 같이 오각형의 꼭짓점에 시계 방향으로 1부터 순서대로 수를 씁니다. 99는 어느 꼭짓점 위에 있는지 기호를 쓰시오. ㉣

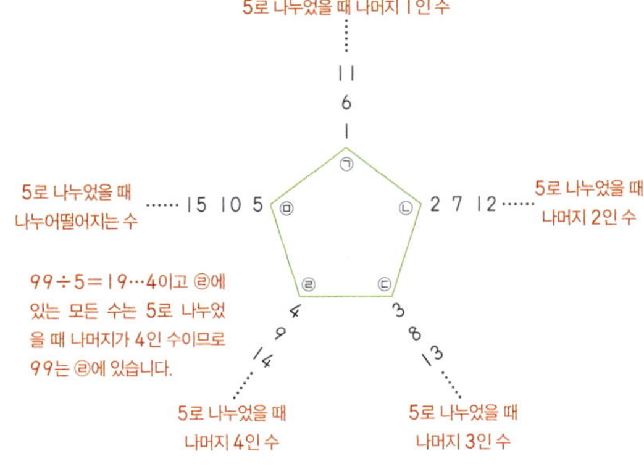

$99 \div 5 = 19 \cdots 4$이고 ㉣에 있는 모든 수는 5로 나누었을 때 나머지가 4인 수이므로 99는 ㉣에 있습니다.

[손가락 세기]

2 그림과 같이 손가락으로 수를 셀 때 50을 세는 손가락에 ◯표 하시오.

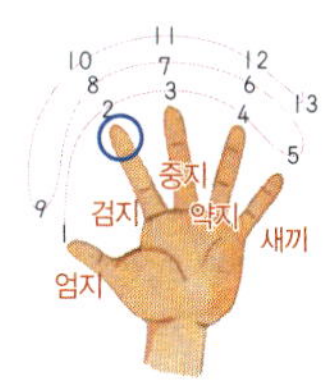

$50 \div 8 = 6 \cdots 2$이고 검지에 있는 수는 8로 나누어 나머지가 2 또는 0이므로 50은 검지로 세게 됩니다.

격자 수 배열

일정한 규칙으로 수를 나열하였습니다. 2행 7열의 수와 9행 2열의 수를 구해 봅시다.

행＼열	1열	2열	3열	4열	5열	……
1행	1	2	9	10	25	
2행	4	3	8	11	24	
3행	5	6	7	12	23	
4행	16	15	14	13	22	
5행	17	18	19	20	21	

❶ 1행의 수를 나열한 것입니다. 규칙을 찾아 ☐ 안에 알맞은 수를 써넣으시오.

1×1 3×3 5×5 7×7 9×9
1, 2, 9, 10, 25, **26**, **49**, **50**, **81** ……
+1 +1 +1 +1

· 홀수 번째: 해당하는 번째 수를 2번 곱한 수
· 짝수 번째: 앞의 수에 1을 더한 수

❷ 2행 7열은 1행 7열의 바로 아래 칸입니다. 2행 7열의 수는 얼마입니까? **48**

1행 7열의 수는 49이고 2행 7열의 수는 1행 7열의 수보다 1 작으므로 $49 - 1 = 48$입니다.

❸ 1열의 수의 규칙을 찾아 ☐ 안에 알맞은 수를 써넣고 9행 2열의 수를 구하시오. **66**

2×2 4×4 6×6 8×8
1, 4, 5, 16, 17, **36**, **37**, **64**, **65** ……
+1 +1 +1 +1

9행 1열의 수는 65이고, 홀수 번째 행의 2열의 수는 1열의 수보다 1 크므로 9행 2열의 수는 $65 + 1 = 66$입니다.

[삼각형 수 배열]

1 일정한 규칙에 따라 삼각형 모양으로 수를 나열하였습니다. 8번째 줄 2번째 수는 무엇입니까? **51**

1번째 줄 ─　　　　　1
2번째 줄 ─　　　　2　3　4
3번째 줄 ─　　　5　6　7　8　9
4번째 줄 ─　　10 11 12 13 14 15 16
5번째 줄 ─ 17 18 19 20 21 22 23 24 25

1, 2, 5, 10, 17, 26, 37, 50 ……
+1 +3 +5 +7 +9 +11 +13
이므로 8번째 줄 1번째 수는 50이고, 각 줄의 수는 오른쪽으로 갈수록 1씩 커지므로 8번째 줄 2번째 수는 $50 + 1 = 51$입니다.

[수 배열 속 수 찾기]

2 다음과 같이 일정한 규칙에 따라 수를 배열하였습니다. 50은 몇 행 몇 열의 수입니까? **8행 1열**

행＼열	1열	2열	3열	4열	5열	……
1행	1	4	5	16	17	
2행	2	3	6	15	18	
3행	9	8	7	14	19	
4행	10	11	12	13	20	
5행	25	24	23	22	21	

1열의 수의 규칙을 먼저 찾습니다.
· 1열의 홀수 번째 행: 그 행의 행의 수를 2번 곱한 수
· 1열의 짝수 번째 행: 앞의 행의 1열의 수에 1을 더한 수
7행 1열의 수는 $7 \times 7 = 49$이고, 8행 1열의 수는 $49 + 1 = 50$입니다.

9 여러 가지 규칙 찾기

태경, 초이, 지오와 꼬마 요괴들이 동물 규칙 놀이를 합니다.

지오의 규칙은 'O'의 수와 관계가 있습니다. 양은 몇입니까? 2

이번에는 아인이가 문제를 냅니다. 북극곰은 몇입니까? 3
규칙은 글자의 받침의 개수입니다.

일정한 규칙에 따라 도형을 그려 나갔습니다. 5단계 모양의 도형의 개수를 표의 빈칸에 써넣으시오.

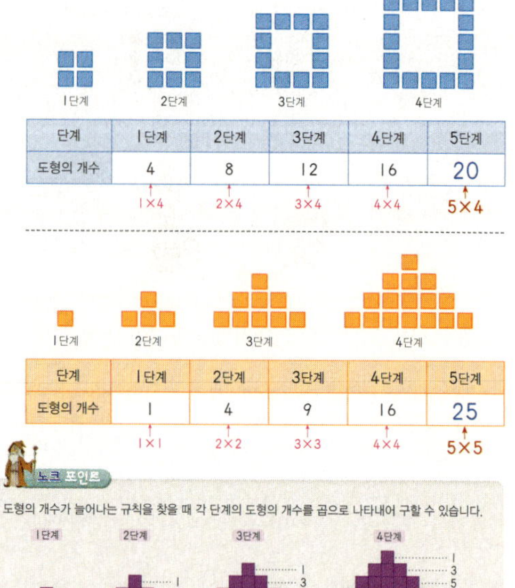

1단계   2단계   3단계   4단계

단계	1단계	2단계	3단계	4단계	5단계
도형의 개수	4	8	12	16	20

$1×4$ $2×4$ $3×4$ $4×4$ $5×4$

1단계   2단계   3단계   4단계

단계	1단계	2단계	3단계	4단계	5단계
도형의 개수	1	4	9	16	25

$1×1$ $2×2$ $3×3$ $4×4$ $5×5$

노크 포인트

도형의 개수가 늘어나는 규칙을 찾을 때 각 단계의 도형의 개수를 곱으로 나타내어 구할 수 있습니다.

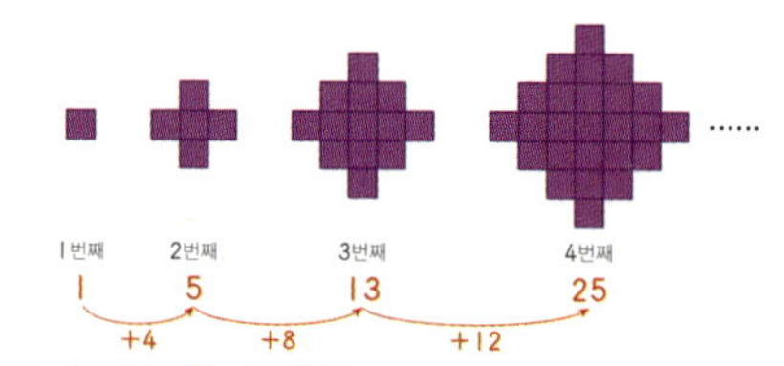

1단계   2단계   3단계   4단계

$1×1$ $2×2$ $3×3$ $4×4$
(1)   (1+3)   (1+3+5)   (1+3+5+7)

곱으로 나타내어 규칙 찾기

일정한 규칙에 따라 성냥개비로 만든 모양입니다. 9단계 모양을 만들 때 필요한 성냥개비의 수를 알아봅시다.

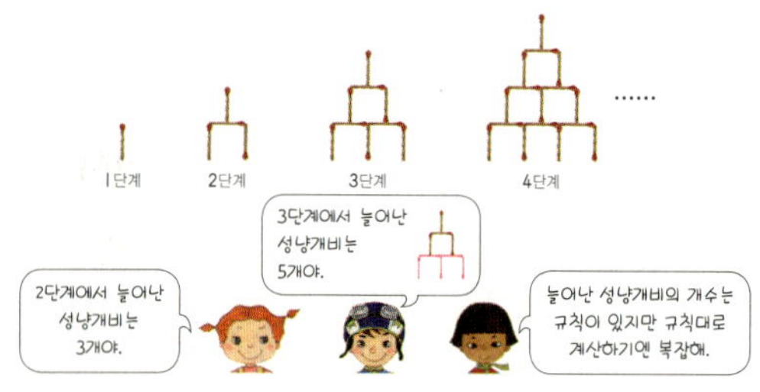

❶ 각 단계에 사용한 성냥개비의 수를 구하고, □ 안에 알맞은 수를 써넣으시오.

단계	1단계	2단계	3단계	4단계	......
성냥개비의 수	1	4	9	16	......

$+3$ $+5$ $+$ 7

❷ 각 단계에 사용한 성냥개비의 수를 같은 수의 곱으로 나타낼 수 있습니다. 빈칸에 알맞은 식과 수를 쓰고, 9단계 모양을 만들 때 필요한 성냥개비의 수를 구하시오. 81개

단계	1단계	2단계	3단계	4단계	......	9단계
성냥개비의 수	1	4	9	16	......	81
같은 수의 곱	1×1	2×2	3×3	4×4	......	9×9

[정사각형의 개수]

1 다음은 규칙에 따라 작은 정사각형을 붙여 만든 모양입니다. 8번째 모양에서 찾을 수 있는 작은 정사각형은 모두 몇 개입니까? 113개

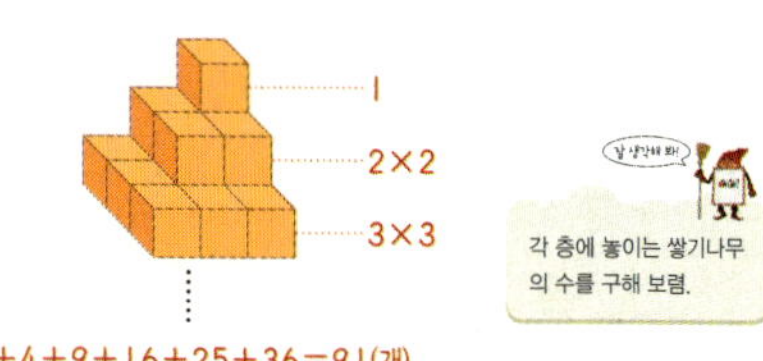

1번째   2번째   3번째   4번째
1   5   13   25
$+4$ $+8$ $+12$

더하는 수가 4씩 커지는 수열입니다.
$1+4+8+12+16+20+24+28=113$(개)

[쌓기나무의 개수]

2 다음과 같은 규칙으로 쌓기나무를 6층까지 쌓는다고 할 때 필요한 쌓기나무는 모두 몇 개입니까? 91개

1
2×2
3×3

$1+4+9+16+25+36=91$(개)

정답 및 해설 **15**

🍪 바둑돌 규칙

일정한 규칙으로 바둑돌을 늘어놓았습니다. 검은색 바둑돌이 흰색 바둑돌보다 더 많아지는 것은 몇 단계인지 알아봅시다.

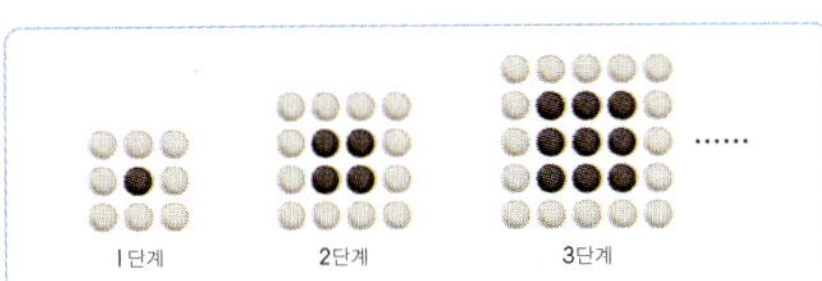

❶ 흰색 바둑돌과 검은색 바둑돌의 개수를 규칙에 맞게 곱셈식으로 나타내시오.

단계	1단계	2단계	3단계	4단계	5단계	6단계
⚪	2×4	3×4	4×4	5×4	6×4	7×4
⚫	1×1	2×2	3×3	4×4	5×5	6×6

❷ 4단계에서 6단계까지 흰색 바둑돌과 검은색 바둑돌의 개수를 각각 구하시오. 검은색 바둑돌이 흰색 바둑돌보다 더 많아지는 것은 몇 단계입니까? 5단계

단계	……	4단계	5단계	6단계	……
⚪	……	20	24	28	……
⚫	……	16	25	36	……

---

1 일정한 규칙으로 바둑돌을 늘어놓았습니다. 10단계에서 검은색 바둑돌과 흰색 바둑돌의 개수의 차를 구하시오. 11

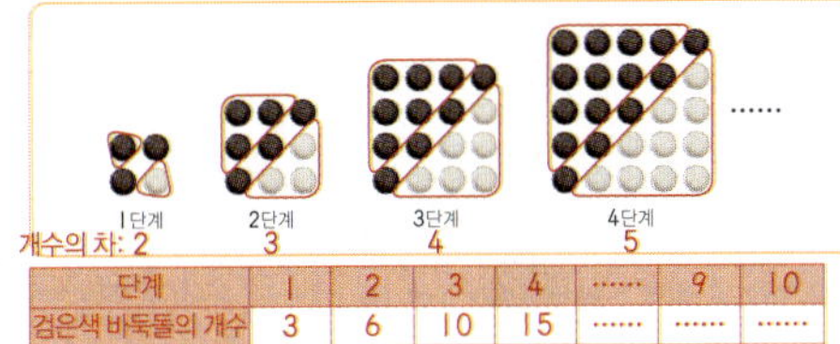

개수의 차: 2   3   4   5

단계	1	2	3	4	……	9	10
검은색 바둑돌의 개수	3	6	10	15	……	……	……
흰색 바둑돌의 개수	1	3	6	10	……	……	……
개수의 차	2	3	4	5	……	10	11

[바둑돌 규칙 찾기]

2 다음과 같이 바둑돌을 규칙에 따라 늘어놓았습니다. 9단계에서 흰색 바둑돌은 검은색 바둑돌보다 몇 개 더 많습니까? 10개

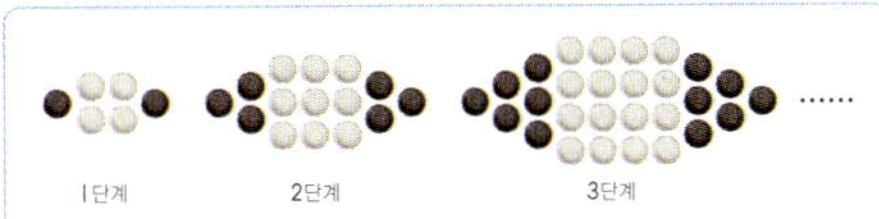

흰색 바둑돌의 개수: 4, 9, 16……
　　　　　　　　　(2×2)(3×3)(4×4)
검은색 바둑돌의 개수: 2, 6, 12……
　　　　　　　　　(1×2)(2×3)(3×4)
따라서 9단계에서 흰색 바둑돌과 검은색 바둑돌의 개수의 차는 (10×10)−(9×10)=10(개)입니다.

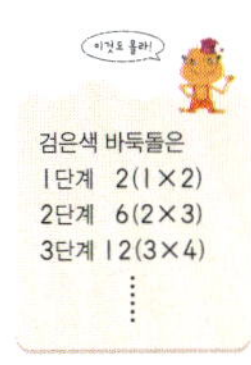

👧 창의적 문제해결력

1 다음은 크기가 같은 정사각형 2개를 겹쳐서 3개의 부분으로 나눈 것입니다.

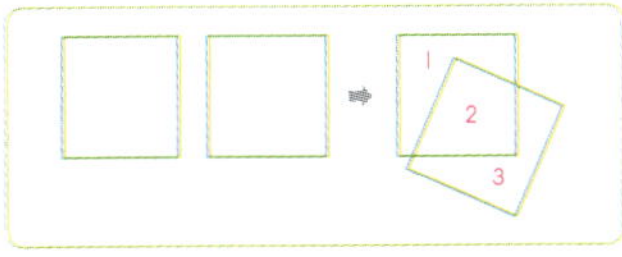

같은 방법으로 크기가 같은 정사각형 2개를 겹쳐 그려서 가장 많은 부분으로 나누어지도록 만들어 보시오. 몇 부분으로 나누어집니까? 9부분,

2 다음과 같이 알파벳 N자에 직선 3개를 그을 때 생기는 교점의 최대 개수를 구하시오. 12개

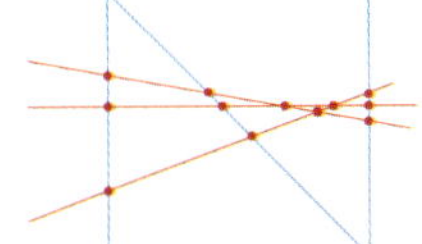

직선을 1개 그을 때마다 생기는 교점의 수를 차례로 더하면
3+4+5=12(개)입니다.

---

3 다음과 같이 일정한 규칙에 따라 수를 쓸 때 8행 8열의 수는 얼마입니까? 57

행＼열	1열	2열	3열	4열	5열 ……
1행	1	2	9	10	25
2행	4	3	8	11	24
3행	5	6	7	12	23
4행	16	15	14	13	22
5행	17	18	19	20	21

8행 1열의 수: 8×8=64
8행 8열의 수: 64−7=57

4 다음과 같은 규칙으로 정사각형 모양의 색종이를 붙여 나갈 때, 6단계에 필요한 색종이는 모두 몇 장입니까? 61장

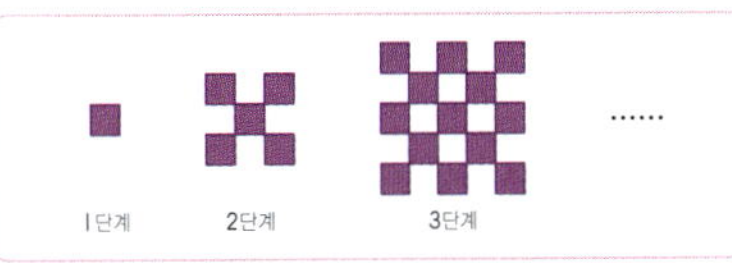

(5×5)+(6×6)=61(장)

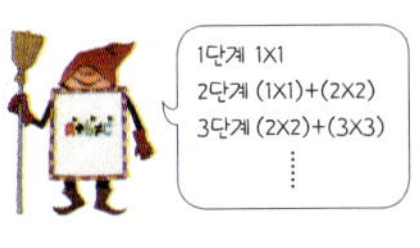

역사 속 규칙

⑩ 시어핀스키 삼각형

삼각형의 각 변의 중심을 이어 만든 가운데 삼각형을 잘라버리는 규칙을 무한히 반복하여 만든 모양을 시어핀스키 삼각형이라고 합니다.

다음은 파스칼의 삼각형입니다. 홀수에 색칠하여 보시오. 시어핀스키 삼각형이 나타납니까?
예

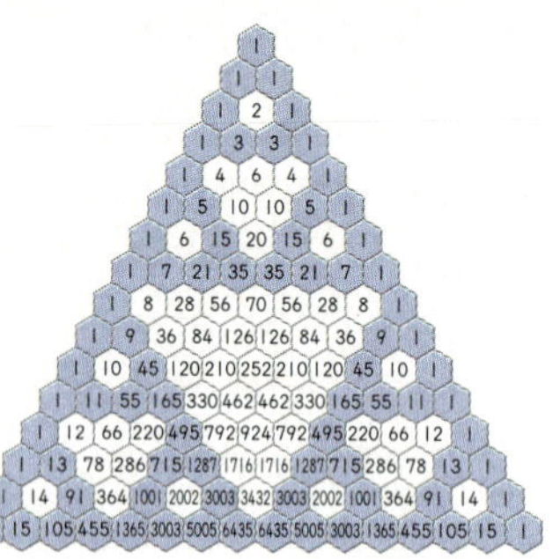

다음은 시어핀스키 삼각형입니다. 각 단계마다 색칠된 삼각형의 개수를 세어 □ 안에 써넣으시오.

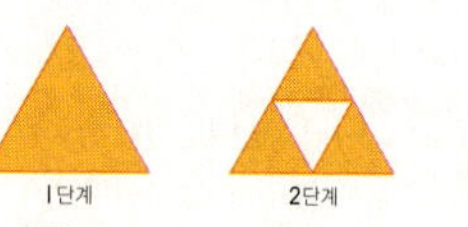
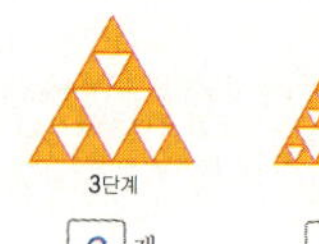

1단계	2단계	3단계	4단계
1 개	3 개	9 개	27 개

위에서 구한 삼각형의 개수를 다음 표의 빈칸에 쓰고 규칙을 찾아 5단계 삼각형의 수를 구하시오. 81

단계	1단계	2단계	3단계	4단계	5단계
삼각형의 수	1	3	9	27	81

×3 ×3 ×3 ×3

삼각형의 수는 앞 단계의 삼각형의 수에 3배가 됩니다.

노크 포인트

삼각형의 각 변의 중심을 이어 만든 가운데 삼각형을 버리는 과정을 무한히 반복하여 만든 도형을 시어핀스키 삼각형이라고 합니다.
시어핀스키 삼각형에서 남아 있는 삼각형의 개수는 1. 3. 9. 27. 81……로 앞 삼각형 수의 3배가 되는 규칙을 가지고 있습니다.

시어핀스키 삼각형

프랙탈 나무

매월 하나의 가지에 두 개의 새로운 가지가 더 생기는 나무가 있습니다. 1월에 가지가 하나인 나무를 심었다고 할 때, 6월에는 이 나무의 가지가 모두 몇 개가 되는지 알아봅시다.

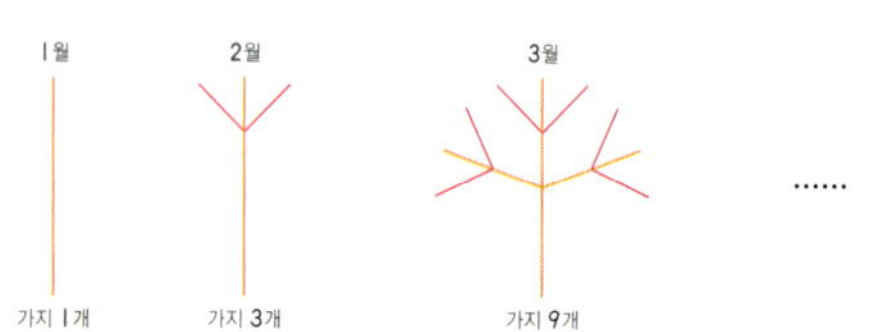

❶ 4월의 나무 모양을 그려 보시오. 가지는 모두 몇 개입니까?
27개

이 나무를 프랙탈 나무라고 하지. 프랙탈은 부분의 모양이 전체의 모양과 닮아 있는 도형을 말해.

❷ 나뭇가지의 수를 나타낸 표의 빈칸에 알맞은 수를 쓰고, □ 안에 알맞은 수를 써넣으시오.

월	1월	2월	3월	4월	……
나뭇가지의 수	1	3	9	27	……

×3 ×3 ×3

❸ 6월이 되었을 때 이 나무의 가지는 모두 몇 개가 됩니까? 243개
1×3×3×3×3×3=243(개)

[잘라내고 남은 정사각형의 개수]

1 다음은 일정한 규칙으로 색종이를 잘라낸 것입니다. 5번째 모양의 정사각형은 모두 몇 개입니까? 625개

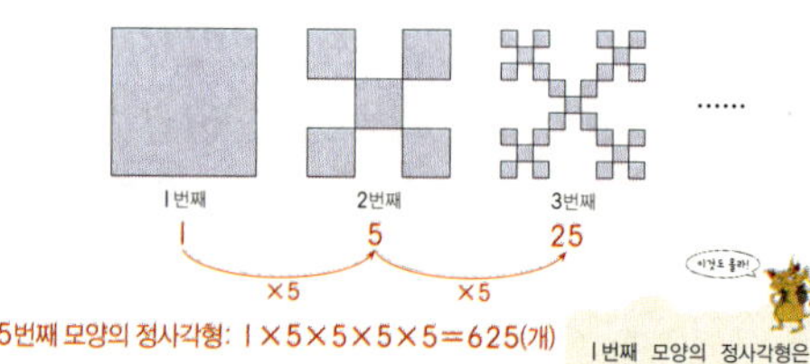

5번째 모양의 정사각형: 1×5×5×5×5=625(개)

1번째 모양의 정사각형은 1개, 2번째 모양의 정사각형은 5개, 3번째 모양의 정사각형은 5×5=25(개)

[돼지코]

2 일정한 규칙으로 원 안에 작은 원 2개를 계속하여 그려 나갑니다. 6번째 그림에서 모두 몇 개의 원을 찾을 수 있습니까? 63개

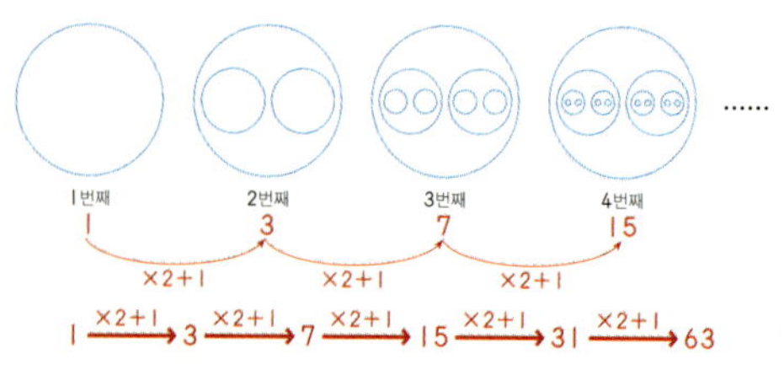

1 ×2+1→ 3 ×2+1→ 7 ×2+1→ 15 ×2+1→ 31 ×2+1→ 63

정답 및 해설 **17**

🐱 칸토어의 먼지

다음과 같은 규칙에 따라 선분을 그립니다. 0단계 선분의 길이가 81cm라고 할 때 4단계에 있는 선분의 길이의 합을 구해 봅시다.

① 선분을 하나 그립니다.
② 선분을 삼등분 하여 가운데 부분을 없앱니다.
③ 남은 선분을 각각 삼등분 하여 가운데 부분을 없앱니다.
④ 같은 방법으로 반복합니다.

❶ 3단계까지 선분의 길이의 합을 구하고, 구한 방법을 식으로 나타내시오.

단계	0단계	1단계	2단계	3단계
길이의 합	81cm	54cm	36cm	24cm
구하는 식	81	81÷3×2	54÷3×2	36÷3×2

❷ 규칙을 찾아 4단계에 있는 선분의 길이의 합을 구하시오. 16cm
24÷3×2=16

[시어핀스키 삼각형]

1 다음 시어핀스키 삼각형에서 색칠된 삼각형의 둘레의 합을 구하시오. 243cm

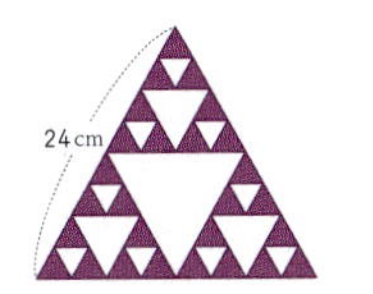

- 색칠된 작은 삼각형의 개수: 3×3×3=27(개)
- 색칠된 작은 삼각형 1개의 둘레: 24÷2÷2÷2×3=9(cm)

색칠된 삼각형의 둘레: 9×27=243(cm)

[코흐의 눈송이]

2 다음은 스웨덴의 수학자 코흐가 만든 코흐의 눈송이입니다. 1단계 도형의 둘레가 81cm일 때 4단계 도형의 둘레를 구하시오. 192cm

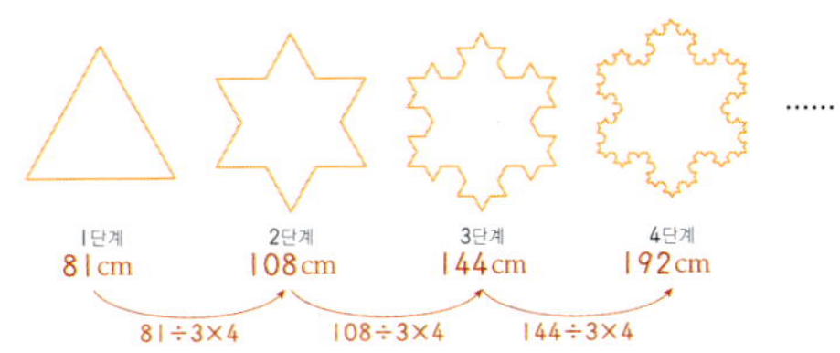

---

⑪ 피보나치 수열

아이들이 미생물의 변식에 대해 설명하고 있습니다.

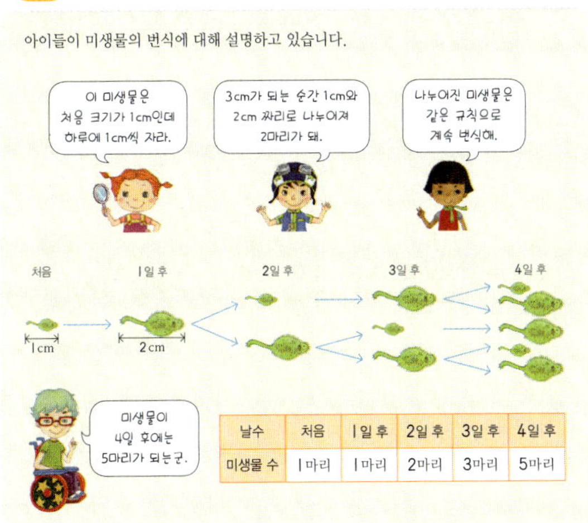

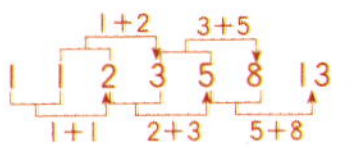

날수	처음	1일 후	2일 후	3일 후	4일 후
미생물 수	1마리	1마리	2마리	3마리	5마리

미생물이 같은 빠르기로 번식한다고 할 때, 5일 후와 6일 후의 미생물의 수를 차례로 쓰시오.
8마리, 13마리

1+2   3+5
1   2   3   5   8   13
1+1   2+3   5+8

미생물의 수는 앞의 두 수의 합이 다음 수가 되는 피보나치 수열로 이루어집니다.

🟢 다음 두 수열은 앞 두 수의 합이 그 다음 수가 되는 규칙입니다. 빈칸에 알맞은 수를 써넣으시오.

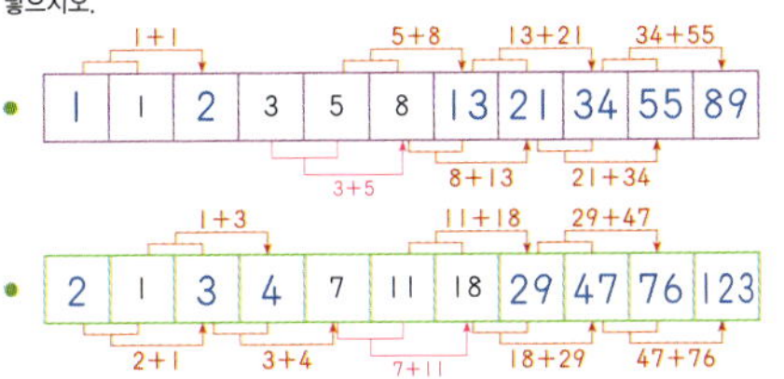

🐶 **도크 포인트**

첫 수가 1이고 앞의 두 수를 더하면 그 다음 수가 되는 수열을 **피보나치 수열**이라고 합니다.

이 수열은 중세 이탈리아의 수학자 피보나치가 쓴 책 「산반서」에 처음 소개되었는데 그의 이름을 따서 피보나치 수열이라고 부릅니다.
피보나치 수열을 이용하여 미생물의 번식, 방 통과하기, 사다리 오르기, 징검다리 문제 등을 쉽게 해결할 수 있습니다.

---

18   D6 규칙

🐷 피보나치 수열의 규칙

84 · 85

다음은 피보나치 수열입니다. 이 수열 안에 있는 여러 가지 규칙을 찾아봅시다.

$$I, I, 2, 3, 5, 8, I3, 2I, 34, 55, 89, I44 \cdots\cdots$$

❶ 다음 표의 빈칸에 짝수이면 '짝', 홀수이면 '홀'을 써넣으시오. 이 수열의 20번째 수는 홀수입니까? 짝수입니까? **홀수**

①	②	③	④	⑤	⑥	⑦	⑧	⑨	⑩	⑪	⑫
I	I	2	3	5	8	I3	2I	34	55	89	I44
홀	홀	짝	홀	홀	짝	홀	홀	짝	홀	홀	짝

'홀수, 홀수, 짝수' 3개의 수가 반복되는 수열입니다.
$20 \div 3 = 6 \cdots 2$이므로 20번째 수는 홀수입니다.

❷ 다음은 피보나치 수열의 연속하는 홀수 번째 수의 합을 구한 것입니다. 더한 수에 모두 ○표 하고 계산 결과에 색칠하시오.

I = I	①	I	2	3	5	8	I3	2I
I+2=3	①	I	②	3	5	8	I3	2I
I+2+5=8	①	I	②	3	⑤	8	I3	2I
I+2+5+I3=2I	①	I	②	3	⑤	8	⑬	2I

❸ 다음 피보나치 수열에서 ○표시된 수의 합을 색칠하여 나타내시오.

$$① \; I \; ② \; 3 \; ⑤ \; 8 \; ⑬ \; 2I \; ㉞ \; 55 \; ⑧⑨ \; I44$$

$I+2+5+I3+34+89=I44$

연속된 홀수 번째 수의 합은 마지막으로 더한 홀수 번째 수의 다음 수가 됩니다.

---

1 다음 피보나치 수열에서 30번째 수는 짝수입니까? 홀수입니까? **짝수**

$$I, I, 2, 3, 5, 8, I3 \cdots\cdots$$

홀수, 홀수, 짝수 3개의 수가 반복되는 규칙입니다.
$30 \div 3 = I0$이므로 30번째 수는 짝수입니다.

2 다음은 피보나치 수열의 짝수 번째 수의 합을 차례로 구한 것입니다. ☐ 안에 알맞은 수를 써넣으시오.

$$I \; ① \; 2 \; ③ \; 5 \; ⑧ \; I3 \; ㉑ \; 34 \; ㊺ \; 89 \; ⑭⑭ \; 233 \cdots\cdots$$

$$I=I$$
$$I+3=4$$
$$I+3+8=I2$$
$$I+3+8+2I=33$$
$$I+3+8+2I+55=\boxed{88} \quad (89-I)$$
$$I+3+8+2I+55+I44=\boxed{232} \quad (233-I)$$

연속된 짝수 번째 수의 합은 마지막으로 더한 짝수 번째 수의 다음 수보다 I 작습니다.

🐿 피보나치 수열의 활용

86 · 87

벌집 모양의 방을 지나갈 때 번호가 작은 방에서 번호가 큰 방으로만 갈 수 있습니다. ⓪번 방에서 ⑦번 방으로 갈 수 있는 방법은 모두 몇 가지인지 알아봅시다.

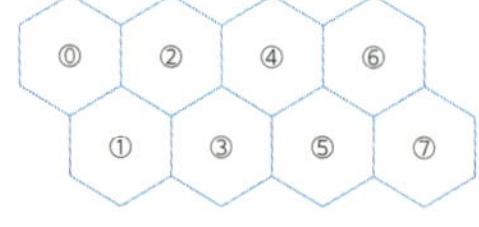

❶ ⓪번 방에서 ①번 방으로 갈 수 있는 방법은 I가지, ⓪번 방에서 ②번 방으로 갈 수 있는 방법은 2가지입니다. ⓪번 방에서 ③번 방으로 갈 수 있는 방법은 모두 몇 가지입니까? **3가지**

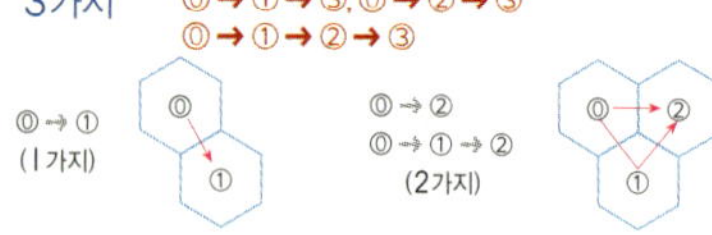

❷ ⓪번 방에서 ④번 방으로 갈 수 있는 방법은 5가지입니다. 가능한 방법을 모두 쓰시오.

$$⓪→①→②→③→④, ⓪→①→③→④,$$
$$⓪→①→②→④, ⓪→②→③→④, ⓪→②→④$$

❸ ⓪번 방에서 각 방으로 갈 수 있는 방법의 가짓수의 규칙을 찾아 다음 표를 완성하시오. ⓪번 방에서 ⑦번 방으로 갈 수 있는 방법은 모두 몇 가지입니까? **2I가지**

도착하는 방 번호	①	②	③	④	⑤	⑥	⑦
가짓수	I	2	3	5	8	I3	2I

앞의 두 수의 합이 다음 수가 되는 피보나치 수열입니다.

---

1 사다리를 올라갈 때 한 번에 I칸 또는 2칸을 올라갈 수 있습니다. 8칸짜리 사다리를 올라갈 수 있는 방법은 모두 몇 가지입니까? **34가지**

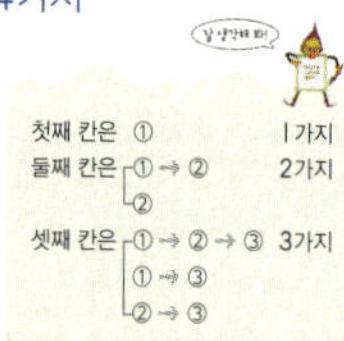

8칸짜리 사다리를 올라가는 방법의 가짓수는 피보나치 수열입니다.
$$I - 2 - 3 - 5 - 8 - I3 - 2I - 34$$

2 다음과 같은 징검다리가 있습니다. 다리 번호 순서대로 한 번에 한 칸 또는 두 칸을 뛰어갈 수 있다고 할 때 강을 건널 수 있는 방법은 모두 몇 가지입니까? **55가지**

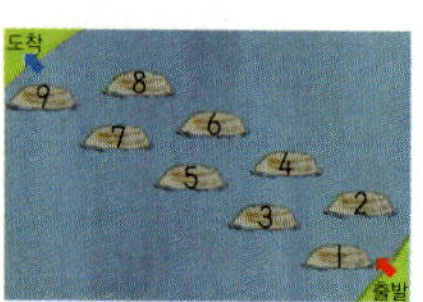

9개의 다리를 건너는 방법의 가짓수는 다음과 같은 피보나치 수열입니다.

I번째 2번째 3번째 4번째 5번째 6번째 7번째 8번째 9번째
$$I - 2 - 3 - 5 - 8 - I3 - 2I - 34 - 55$$

정답 및 해설 **19**

12 파스칼의 삼각형

'인간은 생각하는 갈대'라는 말로 유명한 철학자 파스칼은 1623년 프랑스의 호베르뉴 지방에서 태어났습니다. 어려서부터 매우 허약한 탓에 학교를 가지 못하고 집에서 아버지의 교육을 받고 자라면서 수학에 비상한 재능을 보였습니다.

파스칼

파스칼은 확률론, 수론, 기하학에 걸쳐서 다양한 수학 방면에 공헌을 하지만 39세의 젊은 나이로 일찍 생애를 마칩니다. 만약 그가 건강한 신체를 가진 사람이었다면 수학사에 가장 위대한 인물이 되었을지도 모릅니다.

다음은 파스칼의 삼각형입니다. 규칙을 찾아 ☐ 안에 알맞은 수를 써넣으시오.

```
                1
              1   1
            1   2   1
          1   3   3   1
        1   4   6   4   1
      1   5   10  10  5   1
    1   6   15  20  15  6   1
  1   7   21  35  35  21  7   1
1   8   28  56  70  56  28  8   1
```

사이의 수는 바로 위 두 수의 합입니다.

노크 포인트

다음과 같은 삼각형 모양의 수 배열을 **파스칼의 삼각형**이라고 합니다. 파스칼의 삼각형에서 여러 가지 규칙을 찾을 수 있습니다.

[규칙] · 각 행의 처음과 끝은 항상 1입니다.
· 그 사이의 수는 바로 위 두 수의 합입니다.

```
            1
          1   1
        1   2   1
      1   3   3   1
    1   4   6   4   1
  1   5   10  10  5   1
1   6   15  20  15  6   1
```
1 7 21 35 35 21 7 1
파스칼의 삼각형

각 줄의 합 규칙

모양을 변형시킨 파스칼의 삼각형입니다. 10행에 쓰인 수의 합을 구해 봅시다.

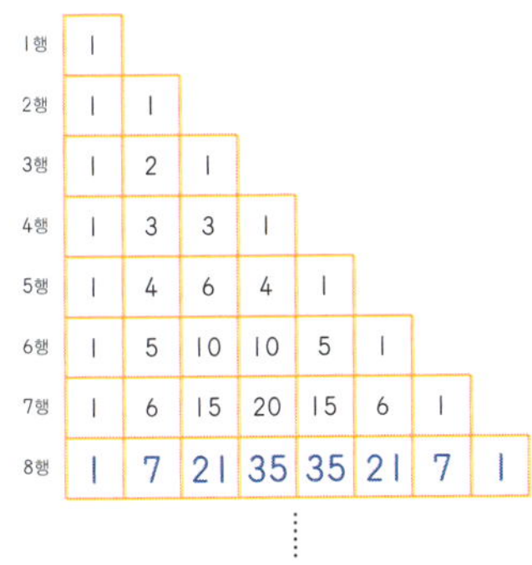

```
1행   1
2행   1   1
3행   1   2   1
4행   1   3   3   1
5행   1   4   6   4   1
6행   1   5   10  10  5   1
7행   1   6   15  20  15  6   1
8행   1   7   21  35  35  21  7   1
```


❶ 규칙에 맞게 8행의 빈칸에 알맞은 수를 써넣으시오.

❷ 각 행에 쓰인 수의 합을 빈칸에 써넣고, 규칙을 찾아보시오.

1행	2행	3행	4행	5행	6행	……
1	2	4	8	16	32	……

규칙: **행이 하나씩 늘어날수록 합은 2배가 됩니다.**

❸ ❷에서 찾은 규칙을 이용하여 10행에 쓰인 수의 합을 구하시오. 512
$32 \times 2 \times 2 \times 2 \times 2 = 512$

[피보나치 수열]

1 모양을 변형시킨 파스칼의 삼각형에 비스듬히 선을 그은 다음 위에서부터 순서대로 번호를 매겼습니다. ⑩번 선이 만나는 칸의 수의 합을 구해 보시오. 55

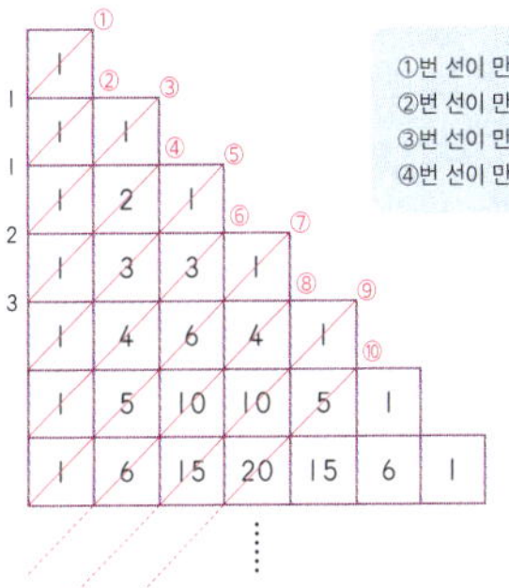

①번 선이 만나는 칸의 수의 합은 1
②번 선이 만나는 칸의 수의 합은 1
③번 선이 만나는 칸의 수의 합은 2(1+1)
④번 선이 만나는 칸의 수의 합은 3(1+2)

다음과 같은 피보나치 수열의 10번째 수를 구합니다.
1, 1, 2, 3, 5, 8, 13, 21, 34, 55

피보나치 수열 찾기

13살의 어린 파스칼이 발견한 여러 가지 규칙을 알아봅시다.

①

합14   합34

평행사변형 안의 수의 합은 ◆, ● 안의 수는 ● 라 하여 규칙을 다음과 같이 나타내었습니다. □ 안에 알맞은 수를 써넣으시오.

◆ + 1 = ●

②

합70   합42

육각형 안의 수의 합은 ●, ● 안의 수는 ● 라 하여 규칙을 식으로 나타내시오.

⬡ ÷ 2 = ●

[하키 스틱 규칙]

1 다음 색칠한 모양에서 찾을 수 있는 규칙을 하키 스틱 규칙이라고 합니다.

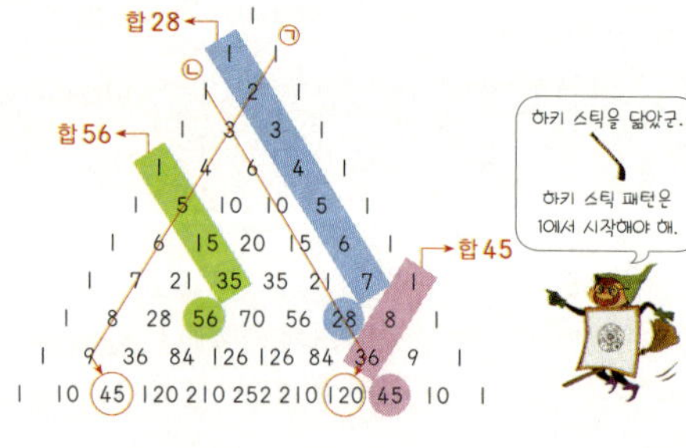

① 직사각형 안의 수의 합은 ▨, 원 안의 수는 ● 라 하여 규칙을 식으로 나타내시오. ▬ = ●

② 하키 스틱 규칙을 이용하여 다음 수열의 합을 구하시오.

㉠ 1, 2, 3, 4, 5, 6, 7, 8, 9   45

㉡ 1, 3, 6, 10, 15, 21, 28, 36   120

창의적 문제해결력

1 다음과 같이 규칙에 따라 작은 정사각형을 색칠해 나갑니다. 6단계에서 색칠한 작은 정사각형의 개수를 구하시오. 243개

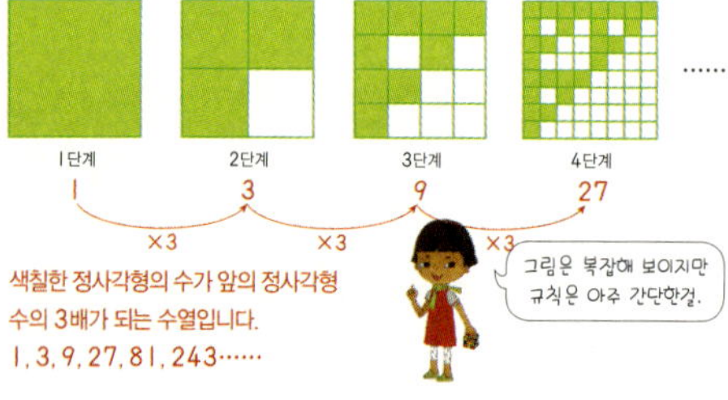

1단계   2단계   3단계   4단계
1   3   9   27
×3   ×3   ×3

색칠한 정사각형의 수가 앞의 정사각형 수의 3배가 되는 수열입니다.
1, 3, 9, 27, 81, 243······

2 다음은 일정한 규칙에 따라 도형을 그린 것입니다. 6단계에서 파란색 삼각형은 노란색 삼각형보다 몇 개 더 많습니까? 122개

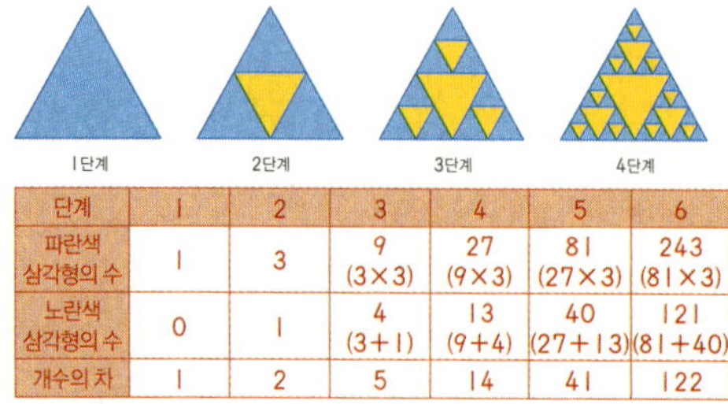

1단계   2단계   3단계   4단계

단계	1	2	3	4	5	6
파란색 삼각형의 수	1	3	9 (3×3)	27 (9×3)	81 (27×3)	243 (81×3)
노란색 삼각형의 수	0	1	4 (3+1)	13 (9+4)	40 (27+13)	121 (81+40)
개수의 차	1	2	5	14	41	122

---

3 다음은 파스칼의 삼각형입니다. 색칠한 삼각형 안의 수의 합을 구하시오. 99

35 + 35 + 21 + 7 + 1 = 99

4 계단을 오르는데 한 번에 한 계단 또는 두 계단을 오를 수 있습니다. 10번째 계단까지 올라가는 방법은 모두 몇 가지입니까? 89가지

계단을 오르는 방법의 가짓수는 피보나치 수열의 규칙과 같습니다.

계단 번호	①	②	③	④	⑤	⑥	⑦	⑧	⑨	⑩
가짓수	1	2	3	5	8	13	21	34	55	89

정답 및 해설 **21**

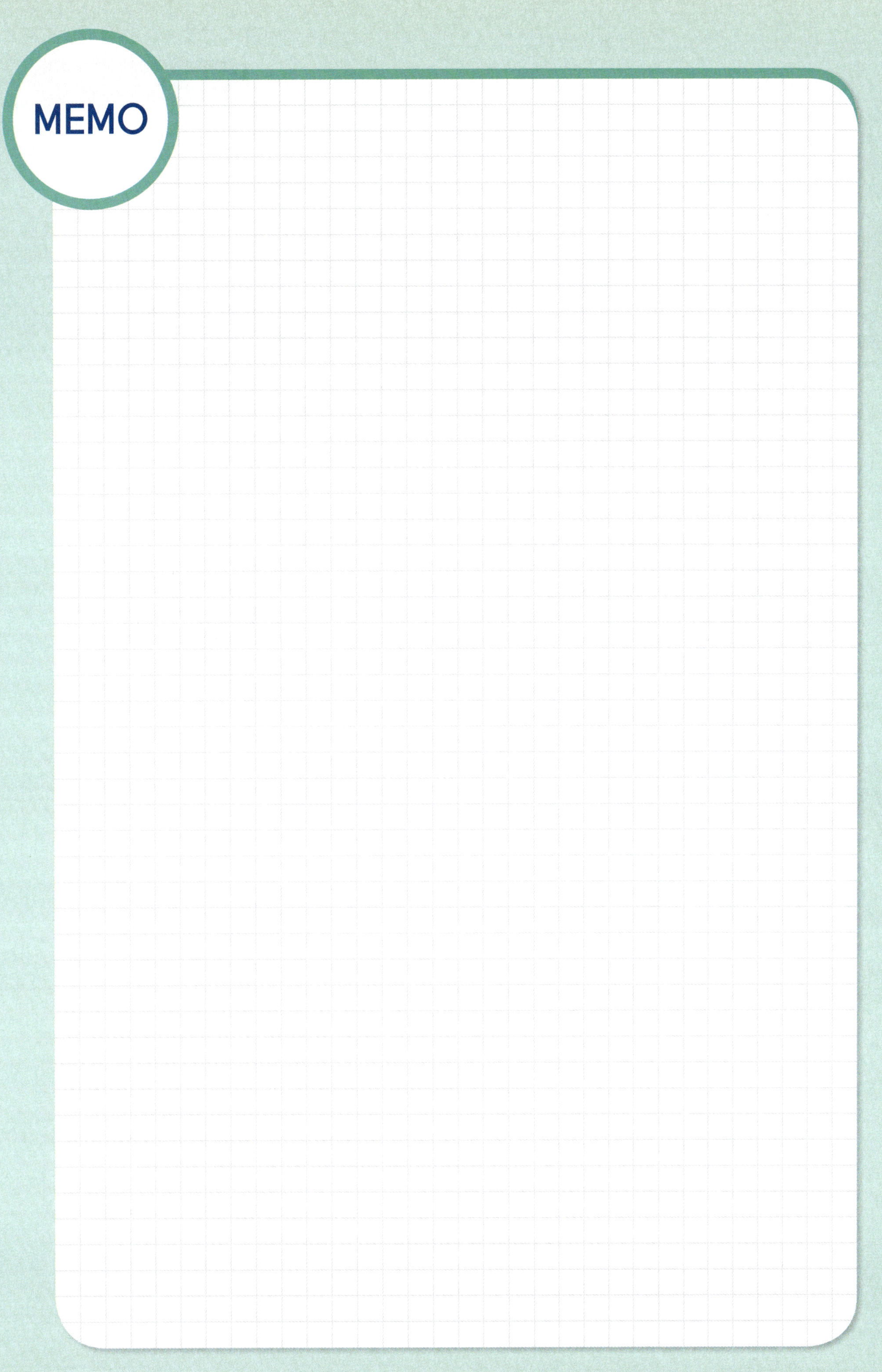
MEMO

MEMO